SERMONES TEMÁTICOS SOBRE ISAÍAS 53
DE
JOHN MACARTHUR

Sermones temáticos sobre
Isaías 53
de
JOHN MACARTHUR

Editorial CLIE
www.clie.es

EDITORIAL CLIE
C/ Ferrocarril, 8
08232 VILADECAVALLS
(Barcelona) ESPAÑA
E-mail: clie@clie.es
http://www.clie.es

SERMONES TEMÁTICOS SOBRE ISAÍAS 53

ISBN: 978-84-17620-34-9
Depósito legal: B-25150-2019
SERMONES
Sermones completos
Referencia: 225119

Impreso en Estados Unidos / *Printed in the United States of America*

JOHN MACARTHUR, Jr. nacido el 19 de Junio de 1939, hijo de un pastor bautista conservador norteamericano, estudió en el *Talbot Theological Seminary* (1970) y el *Dallas Theological Seminary*. Es pastor de *Grace Community Church* en Sun Valley (California) una de las iglesias de mayor crecimiento en Estados Unidos y cuenta con un programa de radio *«Gracia a Vosotros»* que se transmite en varios idiomas. Autor de numerosos comentarios y libros basados en sus sermones, también traducidos a diversos idiomas, figura entre los autores evangélicos conservadores más leídos y apreciados de nuestra época.

El Pastor John MacArthur es ampliamente conocido por su enfoque detallado y transparente de enseñanza bíblica. Él es un pastor de quinta generación, un escritor y conferencista conocido, y ha servido como pastor-maestro desde 1969 en Grace Community Church en Sun Valley, California, E.U.A.

El ministerio de púlpito del Pastor MacArthur se ha extendido a nivel mundial mediante su ministerio de radio y publicaciones, Grace to You, contando con oficinas en Australia, Canadá, Europa, India, Nueva Zelanda, Singapur y Sudáfrica. Además de producir programas radiales que se transmiten diariamente para casi 2,000 estaciones de radio por todo el mundo en inglés y en español, Grace to You distribuye libros, software y audio en CDs y formato MP3 con la enseñanza del Pastor MacArthur. En sus cincuenta años de ministerio, Grace to You ha distribuido más de trece millones de CDs y cintas de audio.

El Pastor MacArthur es el presidente de la universidad The Master's University y el seminario The Master's Seminary. Él también ha escrito cientos de libros, cada uno de los cuales son profundamente bíblicos y prácticos. Algunos de sus títulos de mayor venta son El evangelio según Jesucristo, La segunda venida, Avergonzados del evangelio, Doce hombres comunes y corrientes y La Biblia de estudio MacArthur.

Junto con su esposa Patricia, tienen cuatro hijos adultos y catorce nietos.

_Índice

Prólogo

Como es sabido, Isaías, quiere decir "Jehová es salvación".

Su libro de profecía tiene un estilo de expresión versátil. En él, hay una clara riqueza de vocabulario. De hecho, uno de los padres de la iglesia primitiva, Jerónimo, comparó este Profeta a Demóstenes, el gran orador griego. Durante el tiempo del reino dividido, Isaías profetizó con un claro enfoque en el reino de Judá. Fue preciso y emitió su juicio implacable en contra del ritualismo vacío de su tiempo (1:10–15), así como también la idolatría (44:9–20).

Algunas de las profecías de Isaías fueron cumplidas durante su vida, lo que añadió una autoridad formidable a sus credenciales proféticas. Isaías se destacó sobre todos los otros profetas, dando información clara acerca del futuro Día del Señor, así también como del tiempo que seguirá en adelante.

El libro de Isaías profetiza hechos sin delinear ninguna secuencia precisa de intervalos o tiempos. Este tampoco provee una distinción muy clara entre el reino futuro temporal y el reino eterno, como lo hace Juan en el libro de Apocalipsis, 20:1-10; 21:1-22:5. Sin embargo, Isaías es ampliamente conocido como el "Profeta evangélico". Puso mucha atención sobre la gracia de Dios para Israel y de forma precisa en los últimos veintisiete capítulos de su libro.

Sin duda alguna, la parte más importante de todo el libro de Isaías es el pasaje que abarca desde el capítulo, 52:13 y hasta el 53:12. Es un claro retrato, que no tiene paralelo, sobre Cristo el Cordero inmolado de Dios.

Y es precisamente lo que este libro, de la colección de CLIE de "Sermones Temáticos" en Isaías 53, trata en los diez sermones que lo integran. John MacArthur, haciendo uso de su experiencia, devoción por la Palabra de Dios y su sistema de predicación expositiva, explica de manera magistral lo que el "autor divino" dijo a través del Profeta Isaías, acerca de la persona y obra del Cordero inmolado de Dios, Cristo.

Diez sermones que van desde Isaías, 52:13 al 53:12, detallando versículo a versículo su contenido, con lo que se nos muestra lo maravillosamente profundo e infinito de la sabiduría de Dios, así como también de la suficiencia e infalibilidad de Su Palabra. Las riquezas de estos sermones muestran a nuestro Redentor, su bondad, misericordia y su amor por un mundo caído, con énfasis en "su" capacidad para redimirlo a través de la gracia de Dios, a quienes con una fe arrepentida vienen a él, reconociendo esta obra maravillosa y "su" perdón de pecados.

Leer estos sermones con detenimiento y devoción llevan al lector a que su corazón se emocione a la vez de contemplar la Gloria de Dios en la imagen única del Salvador de pecadores, el Señor Jesucristo.

Este libro es doctrinalmente profundo y al mismo tiempo es fácil en su comprensión. Es sin duda uno de los mejores recursos para poder conocer, en diez sermones, la explicación de Isaías 52:13 a 53:12.

Debe notarse la forma en que John MacArthur da claridad en el contexto histórico y profético de todo el pasaje, señalando características sobresalientes, que quizá un lector como usted, no haya notado antes. John, al hacer una comparación de ciertas escrituras con otras, lleva a la esencia de lo que Jesús pudo haber dicho respecto a este importante texto sobre el día de su resurrección, particularmente, cómo dice él mismo, "intentaba explicar a sus discípulos en el camino a Emaús, que el Mesías tendría que sufrir estas vicisitudes antes de que pudiera entrar en su Gloria".

Es sin duda una clara visión del Calvario, para ampliar la mente y el corazón. Este maravilloso pasaje lo usó el Señor para transformar la vida del eunuco etíope en, Hechos 8:27–38 y sigue transformando la vida de otros que lo leen, lo estudian, meditan en él y lo entienden.

Miguel Contreras López-Araiza
Director de Gracia a Vosotros
Ministerio John MacArthur

01_El siervo asombroso de Jehová

Isaías 53

BOSQUEJO

— Introducción

— El quinto evangelio

— Juicio y cautividad

— Gracia y salvación

— El siervo del Señor

— Reino y gobierno en Israel

— El siervo sufriente

— La pregunta más significativa

— Mensaje de salvación al pueblo judío

— Interpretación judía de la profecía mesiánica

— Diferencia entre judaísmo y cristianismo

— Conclusión

— Oración

NOTAS PERSONALES AL BOSQUEJO

SERMÓN

Introducción

Abra su Biblia en el capítulo 53 de Isaías. Estamos a punto de embarcarnos en un estudio de esta porción inmensamente importante del Antiguo Testamento. Conforme comenzamos nuestra serie en el Antiguo Testamento, encontrando a Cristo ahí. Les voy a dar una advertencia, la realidad es que van a pensar que están en una clase avanzada en el *Master Seminary*, porque es esencial para mí darles el cimiento y algo de la estructura de esta sección de las Sagradas Escrituras, necesitan entender su naturaleza, su contexto, para que puedan extraer todas las riquezas que están en este capítulo.

Han oído sermones de Isaías 53, pero van a recibir más que eso, entonces necesitan poner atención, pensar como eruditos y pensar con cuidado, y esperen que sea un poco de sobrecarga académica. Vamos a probar su capacidad de *gigabytes*, cuánto pueden manejar.

Al llegar a Isaías capítulo 53 tengo que decir que el principio del pasaje realmente está en el capítulo 52 versículo 13. Entonces, cuando hago referencia general a un estudio de Isaías 53, de hecho, estoy incluyendo el 52 versículo 13 hasta el 53 versículo 12. Esa sección entera de 15 versículos, comenzando en el 52:13, todo es una sección. Solo podría decir que cuando los eruditos marcaron el capítulo 53, de hecho, deberían haber comenzado en el versículo 13, porque el versículo 13 prepara lo que es detallado en el capítulo 53. Ahora si usted ha sido cristiano por un tiempo, está muy familiarizado con esta sección de las Sagradas Escrituras, y así debe ser.

El quinto evangelio

Ha sido llamada por algunos eruditos en el pasado "El Quinto Evangelio". El Quinto Evangelio a ser añadido a Mateo, Marcos, Lucas y Juan. Fue Agustín quien dijo, en el siglo quinto: "No es una profecía, es un Evangelio". Fue Policarpo, el estudiante y amigo del Apóstol Juan, quien llamó a esta sección de las Escrituras: "La pasión dorada del Antiguo Testamento". Martín Lutero dijo: "Todo cristiano debe poder repetirlo de memoria". Entonces, esa va a ser su tarea, memorizarse Isaías 52:13 hasta el 53:12 y usted va a disfrutarlo el resto de su vida. Es muy probable que ya conoce la mayor parte de esta sección si ha estudiado las Escrituras por algo de tiempo.

Un par de eruditos alemanes escribiendo en 1866: "Parece como si hubiera sido escrito debajo de la Cruz del Gólgota". Y añadieron: "En muchas ocasiones ha derretido la corteza del corazón de un israelita". Los mismos eruditos alemanes añadieron: "Este capítulo es lo más central, lo más profundo y lo más sublime que la profecía del Antiguo Testamento jamás ha alcanzado". En esta sección de las Sagradas Escrituras va a encontrar la raíz del pensamiento cristiano, aunque es Antiguo Testamento. Usted va a encontrar aquí frases que han entrado y permanecido en el vocabulario y conversación cristianas. Va a encontrar en esta sección de las Escrituras que el texto ha sido más usado por más predicadores del Evangelio y escritores a lo largo de la historia que cualquier otra porción del Antiguo Testamento, de hecho, Isaías 53 es el corazón de la escritura hebrea. Es la escritura mesiánica, épica profética, está por encima del resto en el Antiguo Testamento. Ahora, el brillo de esta gema profética es intensificado por su contexto.

Entonces, mantenga su Biblia en la mano porque va a tener que entender esto conmigo. Quiero darle el sentido de lo que estamos viendo aquí, comenzando con una especie de panorama más amplio. Isaías está dividido en dos secciones, capítulos 1 al 39 y capítulo 40 hasta el capítulo 66. Obviamente, un libro largo y muy detallado y magnífico del Antiguo Testamento. Fue escrito alrededor del año 680 antes de Cristo, o 700 años antes de Cristo.

Juicio y cautividad

La primera mitad del libro, capítulos 1 al 39, hablan de juicio venidero y cautividad. 39 capítulos en donde Dios habla a través del profeta Isaías, hablando de juicio. Juicio contra Israel que estaba por venir inmediatamente, y vino, vino menos de 100 años después de que fue escrito al principio de la cautividad babilónica, cuando el Reino entero del Sur de Judá, la única parte que permaneció, el Reino del Norte ya había sido llevado a la cautividad unos años antes, en el 720. La cautividad del Reino del Sur es el objetivo de los primeros 39 capítulos. Y más allá de eso, hay advertencias acerca de Juicio Divino en contra de los pecadores de toda época y todo tiempo. Inclusive hay indicaciones del Gran Día del Juicio Escatológico Final, definitivo. Pero los capítulos 1 al 39 tratan de juicio y cautividad en términos de cautividad babilónica y el asunto más grande del juicio en contra de los pecadores, inclusive el asunto más grande de Juicio Final al final de la historia humana. Entonces, el capítulo 39 termina pronunciando juicio que está por venir en contra de Israel en la cautividad babilónica, cuando ellos serán llevados por Babilonia.

Escuche los versículos 6 y 7: "He aquí vienen días", versículo 6 del capítulo 39, "en que será llevado a Babilonia todo lo que hay en tu casa, y lo que tus padres han atesorado hasta hoy; ninguna cosa quedará, dice Jehová. De tus hijos que saldrán de ti, y que habrás engendrado, tomarán, y serán eunucos en el palacio del rey de Babilonia". Esta es una profecía específica de la cautividad babilónica la cual comenzó en el 603, unos 80 años después de que Isaías lo escribió. Él profetizó que sucedería. Sucedió, hubieron tres deportaciones, 603, 597 y 586 la final, y no regresaron sino hasta después de 70 años después de esa cautividad final.

Gracia y salvación

Entonces, la primera sección puede ser verificada teniendo como autor a Dios debido a que la historia probó su cumplimiento a detalle. Eso lo lleva a la segunda sección, 27 capítulos quedan, capítulos 40 al 66. El tema de la segunda sección es gracia y salvación. Estos 27 capítulos comenzando en el capítulo 40, son la porción más sublime y rica de la profecía del Antiguo Testamento. Realmente, es una profecía, una visión gloriosa, una revelación majestuosa de salvación hasta la venida del Mesías. Es sublime, es amplia. Incluye, no solo la liberación de Israel de Babilonia, no solo la liberación de pecadores del pecado, sino la liberación de las naciones de la maldición al Reino del Mesías.

Entonces, tiene esos mismos elementos. La primera parte habla del juicio en contra de Israel, habla de juicio contra los pecadores y habla de Juicio Final. La segunda mitad habla de la liberación para Israel, liberación para pecadores y una liberación final para entrar al Reino Mesiánico. Lo que es muy interesante en la segunda mitad, la cual es la que estaremos viendo, del 40 al 66, comienza en donde el Nuevo Testamento comienza. Quiero que vea el capítulo 40, por un momento, rápidamente, y el paralelo es bastante interesante. En el capítulo 40 leemos: "Consolaos, consolaos pueblo mío, dice vuestro Dios". Ese es el giro en el libro de Isaías, después de pronunciar juicio en los primeros 39 capítulos, a consuelo en la segunda mitad debido a la gracia y a la salvación. "Hablad al corazón de Jerusalén". Y después viene la profecía en el versículo 3 de Juan el Bautista: "Voz que clama en el desierto, preparad camino a Jehová. Enderezad calzada en la soledad a nuestro Dios". Y claro que fue Juan el Bautista quien vino, quien fue el cumplimiento de esa profecía, él fue el precursor del Mesías, él fue la voz que clama en el desierto. "Preparad el camino del Señor. Enderezad calzada en la soledad a nuestro Dios". Entonces, ahí es donde el Nuevo Testamento comienza, el Nuevo Testamento comienza con Juan el Bautista.

Y ahí es donde, en la segunda mitad, comienza esta sección llamada el Evangelio de Isaías, comienza en donde el Evangelio del Nuevo Testamento empieza. Ahora, esta sección de Isaías termina en donde el Nuevo Testamento también termina. Y esa es otra característica sorprendente. En el capítulo 65 de Isaías conforme llega al final, en el versículo 17, leemos esto: "Porque he aquí que yo crearé nuevos cielos y nueva tierra". Los nuevos cielos y la nueva tierra, capítulo 65 versículo 17. Después en el capítulo final, capítulo 66 versículo 22 casi al final mismo: "Porque como los cielos nuevos y la tierra nueva que yo hago, permanecerán delante de mí, dice Jehová". Adivinen dónde termina el Nuevo Testamento. Termina en Apocalipsis 21 y 22 con los nuevos cielos y la nueva tierra.

Entonces, esta sección de Isaías comienza donde el Nuevo Testamento comienza con la llegada de Juan el Bautista, termina en donde el Nuevo Testamento termina, con el nuevo cielo y la nueva tierra. Y de esta manera vemos la manera magnífica en la que esta profecía increíble es un paralelo del Nuevo Testamento, y toda ella es escrita 700 años antes de que el Mesías comience a cumplirla. Ahora, ¿quién va a traer esta gracia y salvación? ¿Quién va a ser el que provea esta liberación? La respuesta es, el Siervo de Jehová. El Siervo del Señor o de Jehová, así es como Él es designado, la palabra hebrea es *eber* y significa esclavo o siervo.

El siervo del Señor

Es usado cientos de veces en el Antiguo Testamento, es la palabra hebrea para esclavo como también para "siervo". El Esclavo de Jehová, el Siervo de Jehová. Él es el que traerá salvación, Él es el que traerá consuelo, Él es el que traerá el perdón de pecados. Él, entonces, se convierte en el tema de esta sección final del libro de Isaías. Ahora, regresemos al capítulo 53, por un momento, con esa especie de panorama amplio y usted encontrará el versículo 13 del 52: "He aquí que mi Siervo, mi *Ebe*, mi Esclavo", esta es la misma designación que se ha indicado antes en esta sección del libro de Isaías. Esta es la cuarta de las profecías específicas del siervo. Capítulo 42 es una, capítulo 49 es otra y capítulo 50, versículos 4 al 11 es la tercera. Esta es la cuarta de lo que llamaríamos "las canciones del siervo de Isaías, o las profecías del Siervo".

Ahora, en esta presentación del Siervo que tenemos frente a nosotros, el profeta nos llama a ver a este Siervo, y sorprendernos. Si fuera titular este mensaje, lo titularía: "El Siervo sorprendente de Jehová". No sé qué pusieron en la *Grace Today*, pero yo lo titularía: "El Siervo sorprendente de Jehová". Esta es la revelación más completa, más poderosa, más importante del Mesías en todo el Antiguo Testamento aquí, frente a nosotros. Ahora un poco más de trasfondo en esto. Si usted regresa a Samuel, usted comienza a tener la revelación de Dios llegando a través de los profetas. Moisés fue profeta en un sentido, él dio profecía divina, él predijo inclusive al Mesías, un profeta que vendría, él lo identificó. Pero, realmente, la responsabilidad o el oficio profético, como lo conocemos comienza con Samuel.

Otros, hablaron por Dios y ese sería un ministerio profético, pero el oficio profético en cierta manera comienza con Samuel. Esto es, alrededor del año 1000 antes de Cristo, entonces, unos 300 años antes de Isaías. Y a los profetas de manera regular se les dijo que habría una época cuando Dios gobernaría y reinaría en Israel y desde Israel sobre todo el mundo. Muy bien, eso simplemente es básico. Habría una época en la que Dios reinaría y gobernaría desde Israel sobre todo el mundo. Claro que esto tenía conexiones con las promesas de Abraham y David como usted bien sabe.

Reino y gobierno en Israel

Dios reinaría y gobernaría en Israel sobre el mundo, y aquí está la clave, mediante un Rey Justo, mediante un Rey Justo llamado en el pacto abrahámico "la Simiente", y en el pacto davídico, "el Hijo de David", un Rey Justo. Este Rey liberaría a Israel de sus enemigos como vimos en el Benedictus de Zacarías, este Rey liberaría a Israel de sus pecados. Entonces, sería una liberación temporal, y lo que es aún más importante, una liberación espiritual. Debido a las promesas de la Simiente y el Rey, el Rey Justo vendría y traería salvación y traería liberación para Israel y a través de Israel para el mundo, la esperanza de los judíos había sido elevada, querían ese Rey, esperaban ese Rey, usted puede regresar hasta la era de Samuel y recordará que ellos querían un rey, y entonces, escogieron a uno llamado Saúl, pusieron su esperanza en Saúl, y quizás de hecho asumieron que Saúl sería ese rey que vendría y traería salvación y haría de Israel la gema del mundo y reinaría desde Israel sobre el mundo entero y traería un reino de justicia y paz. No obstante, Saúl fue rechazado, él fue rechazado por Dios, por su entrometimiento terrible en la función sacerdotal, al sobrepasar sus límites.

Él fue un hombre pecaminoso, y no solo él fue rechazado, sino que su descendencia fue aislada y fue vetada de volver a reinar en Israel. Las esperanzas entonces cambiaron a David, pero David tuvo sus propios problemas y David fue un hombre tan pecaminoso y tan sangriento, que Dios ni tan siquiera le permitió a David que fuera el que construyera el templo. Recordemos que David le dijo a Natán el profeta: "Voy a construir el templo, y Natán le dijo: Adelante. Y Dios vino a Natán, de noche, y le dijo: ¿Por qué le dijiste eso? No me preguntaste, no quería que construyera eso. Él es un hombre de sangre".

David tenía sus problemas, fue pecaminoso y no iba a ser ese Rey Justo. Pero la promesa vino en 2º de Samuel 7, que sería un hijo de David y las esperanzas deberían haber sido colocadas inmediatamente en Salomón, y debió haberse visto realmente bien cuando Salomón vino, porque él engrandeció mucho el reino, y él se convirtió en la persona más rica en el mundo, por mucho y no solo eso, porque, en cierta manera al comienzo de su reinado él pidió sabiduría, Dios le dio sabiduría en abundancia y entonces él pudo ser exitoso en todo lo que hizo.

Pero resultó que Salomón fue una tragedia total. Salomón se alejó de Dios porque se casó con tantas esposas y tuvo tantas concubinas, se estaba involucrando en relaciones físicas con cientos de mujeres. Él fue un hombre que se entregó al pecado. Él no solo no iba a ser el Rey Justo. Ya para cuando usted llegue al final de su reinado, el reino entero se divide en pedazos y el Reino del Norte se va, y todo rey después de él en el Reino del Norte es miserable y corrupto y vil e impío. Ese no es el bueno. Y el Reino del Sur lucha por sobrevivir con una larga lista en donde la mayoría de los reyes fueron corruptos y unos cuántos decentes estuvieron por ahí.

La gente comenzaba a perder la esperanza en el rey humano, inclusive de los lomos de David, de hecho, la línea de David fue tan mal en un punto, que uno de los descendientes de David, llamado Manasés, se convirtió en rey. Probablemente se acuerda del rey Manasés.

Permítame darle el post-mortem de Manasés, y esto es lo único que necesita saber, 2º de Crónicas 33:9: "Manasés, pues, hizo extraviarse a Judá y a los moradores de Jerusalén, para hacer más mal que las naciones que Jehová destruyó de los hijos de Israel". Un hijo de David guio a Israel a hacer más maldad de lo que los cananeos habían hecho a quienes Israel expulsó, y los cananeos fueron personas viles, idólatras, paganas. Así de mal estuvo.

Todos los reyes en el norte son corruptos. Virtualmente los reyes en el sur son corruptos con unas cuantas excepciones. Ninguno de ellos cumplió las posibilidades de ser un Rey Justo. Todos fueron un fracaso a un grado u otro. Hubo unos cuantos reyes nobles en el sur, como usted sabe, pero ningún rey humano parecía ser capaz de cumplir con esta promesa esperada. De hecho, la vida de Isaías llega a su fin durante el reinado de Manasés. La vida de Isaías llega a su fin durante el reinado de Manasés cuando este hizo que Isaías fuera cortado a la mitad con una sierra de madera.

Y eso es lo que la tradición nos dice y es coherente con Hebreos 11:36 y 37, el cual se refiere a héroes del Antiguo Testamento siendo partidos a la mitad. Ese fue Isaías. ¿Qué tan mal estuvo? Ningún rey humano fue una esperanza. Es solo apenas antes de que Isaías fuera partido a la mitad, apenas en el tiempo en el que Manasés está entrando al poder, que Isaías de hecho, profetizó durante el reinado de cuatro reyes. Si recuerdo de manera correcta, Uzías, Jotam, Acaz, Ezequías. Ustedes se acuerdan: "En el año que murió el rey Uzías, vi yo al Señor", capítulo 6 y los otros tres. Y él profetizó durante esos años y fue las profecías que él profetizó durante esos años que se registran en esta profecía, en su profecía. Pero fue cuando Manasés entró, y esto es lo mejor que podemos identificar históricamente, que él fue aserrado por la mitad alrededor del año 686 antes de Cristo, y probablemente Isaías escribió apenas antes de eso.

Entonces, él escribió esta profecía de esperanza, gracia y salvación en un momento en la historia de Judá que estaba en su momento más oscuro de la historia. Tuvieron a Manasés como rey e iban a la cautividad, no podía ser peor que eso. Su templo será destruido, su capital será destruida, el Reino del Norte ya ha sido llevado de manera permanente para nunca volver a regresar y eran los siguientes.

En un tiempo cuando la línea de David estaba en su punto más corrupto y más vil y más impío, Dios entra, y le da a Isaías una revelación nueva, dramática, del Rey Justo. Una revelación nueva y dramática del Rey Justo. Si iba a ver un tiempo en su historia en el que la necesitaron, era en ese entonces, ¿verdad? Cuando toda la esperanza se había acabado, ya se iban, se había acabado. Y fue una masacre sangrienta cuando los babilonios vinieron.

Y aquí estaban las noticias, las noticias sorprendentes, las noticias conmovedoras, Él no solo sería un Rey que reinaría, Él sería un Esclavo que sufriría. Él no solo sería un Rey que reinaría, sería un Esclavo que sufriría, y su gloria no vendría sino hasta que Él hubiera sufrido. Y, además, Él no sufriría por alguna maldad que Él habría hecho, porque Él sería un Rey Justo, sino que más bien sufriría por la maldad que otros habrían hecho. Él sufriría de manera vicaria. Este es una revelación nueva. El Rey Justo sufriría. El Rey Justo moriría, pero no moriría por su propio pecado, moriría por los pecados del pueblo. Él moriría al pagar por los pecados de los suyos.

El siervo sufriente

Él sería un sustituto quien moriría en el lugar del pueblo. Y aunque esa realidad es retratada en el sistema de los sacrificios animales. Es retratada aquí. No fue sino hasta esta profecía que fue presentada de manera clara. Ahora conozcamos a este Siervo sufriente. Permítanme leer comenzando en Isaías 52:13-53:1-12: "He aquí que mi Siervo será prosperado, será engrandecido y exaltado y será puesto muy en alto. Cómo se asombraron de ti muchos, de tal manera fue desfigurado de los hombres su parecer, y su hermosura más que la de los hijos de los hombres, así asombrará él a muchas naciones; los reyes cerrarán ante él la boca porque verán lo que nunca les fue contado y entenderán lo que jamás habían oído.

¿Quién ha creído nuestro anuncio? Y, ¿sobre quién se ha manifestado el brazo de Jehová? Subirá cual renuevo delante de él, y como raíz de tierra seca; no hay parecer en él, ni hermosura; le veremos, mas sin atractivo para que le deseemos. Despreciado y desechado entre los hombres, varón de dolores, experimentado en quebranto; y como que escondimos de él el rostro, fue menospreciado y no lo estimamos. Ciertamente llevó él nuestras enfermedades, y sufrió nuestros dolores; y nosotros le tuvimos por azotado, por herido de Dios y abatido. Mas él, herido fue por nuestras rebeliones, molido por nuestros pecados; el castigo de nuestra paz fue sobre él, y por su llaga fuimos nosotros curados.

Todos nosotros nos descarriamos como ovejas, cada cual se apartó por su camino. Mas Jehová cargó en él el pecado de todos nosotros. Angustiado él, y afligido, no abrió su boca; como cordero fue llevado al matadero; y como oveja delante de sus trasquiladores, enmudeció, y no abrió su boca. Por cárcel y por juicio fue quitado; y su generación, ¿quién la contará? Porque fue cortado de la tierra de los vivientes, y por la rebelión de mi pueblo, fue herido. Y se dispuso con los impíos su sepultura, mas con los ricos fue en su muerte; aunque nunca hizo maldad, ni hubo engaño en su boca.

Con todo eso, Jehová quiso quebrantarlo sujetándole a padecimiento. Cuando haya puesto su vida en expiación por el pecado, verá linaje, vivirá por largos días, y la voluntad de Jehová será en su mano prosperada. Verá el fruto de la aflicción de su alma, y quedará satisfecho; por su conocimiento justificará mi siervo justo a muchos, y llevará las iniquidades de ellos. Por tanto, yo le daré parte con los grandes, y con los fuertes repartirá despojos; por cuanto derramó su vida hasta la muerte, y fue contado con los pecadores, habiendo él llevado el pecado de muchos, y orado por los transgresores". ¿Ve usted a Cristo ahí? ¿Prueba de que Dios es el autor de las Escrituras y Jesús su cumplimiento? Se encuentra únicamente en ese capítulo.

En los detalles insignificantes exactamente cumplidos en la muerte, sepultura, resurrección, ascensión, intercesión, coronación y salvación provista mediante Jesucristo. Jesús mismo, los Apóstoles del Nuevo Testamento, los escritores del Nuevo Testamento al proclamar el Evangelio, apuntan de regreso a Isaías 53 muchas, muchas veces. Jesús se refirió a este capítulo, los Apóstoles lo hicieron, los escritores del Nuevo Testamento se refirieron a este capítulo una y otra y otra vez. Hay referencias a Isaías 53 en Mateo, Marcos, Lucas, Juan, Hechos, Romanos, Primera de Corintios, Segunda de Corintios, Gálatas, Efesios, Primera de Timoteo, Tito, Hebreos, Primera de Pedro y Primera de Juan. Ninguna escritura del Antiguo Testamento, con tanta frecuencia y de manera tan convincente, es aplicada a Jesucristo por el Nuevo Testamento como esta.

La pregunta más significativa

Los escritores del Nuevo Testamento se refieren virtualmente a todo versículo en el capítulo 53. Contiene la suma y sustancia del Evangelio, y rechazar a Cristo, es rechazar el testimonio claro de la historia. Cumpliendo todo detalle en esta profecía. Pero, a una escala más grande que la historia y el cumplimiento por vitales, importantes y maravillosas que sean, está esta pregunta: ¿Qué significa eso para mí? Ese es el punto más importante. Usted podría estar asombrado de la historia, podría estar sorprendido de que profecías detalladas con respecto a la vida, muerte y resurrección de una persona podrían ser predichas 700 años antes de que la persona llegara, y debe estarlo.

Podría estar asombrado del hecho de que ningún hombre podría saber esto y por lo tanto las Escrituras son escritas por el único que conoce el futuro, y ese es Dios, quien no solo lo conoce, sino que lo determina. Debe estar asombrado de la naturaleza divina de las Sagradas Escrituras, debe estarlo. Pero ese no es el punto donde debe detenerse porque hay una pregunta más grande más seria que esa: ¿Qué significa para usted, qué significa para mí, para el resto de la gente? Entonces, permítame hablar de eso por un minuto. La verdad de esta profecía antigua y su cumplimiento en Jesucristo, responde a la pregunta más crucial, esencial y crítica que jamás puede ser presentada por algún ser humano.

Voy a amontonar adjetivos. Este pasaje responde a la pregunta más significativa que cualquier persona puede hacer. La pregunta primordial, la pregunta más importante, la pregunta más vital, la pregunta de mayor peso, la pregunta más seria, la pregunta más monumental, la pregunta más prominente y eso no tiene nada que ver con salud, nada que ver con riquezas nada que ver con éxito, educación, moralidad, bienestar, filosofía, sociología o política. La pregunta más importante que cualquier ser humano jamás hará y ha respondido no tiene nada que ver con los asuntos que ocupan las mentes de la gente. Supongo que si usted pudiera buscar por *Google* por su computadora, ¿cuáles son las preguntas más frecuentes? ¿Cuáles son las preguntas que más se hacen? Usted encontraría miles de ellas antes de que usted llegara, si es que pudiera descubrir la aparición de esta pregunta, pero debe ser la primera.

Es la pregunta más necesaria, es la pregunta más esencial, es la pregunta más determinante y francamente es la pregunta más evitada. Trasciende cualquier otra pregunta de manera infinita, infinita y sin embargo casi no existe en la lista de prioridades de la gente. ¿Cuál es la pregunta? Aquí está la pregunta: ¿Cómo puede un pecador estar bien con Dios como para estar en una posición en la que pueda escapar del infierno y entrar al cielo? Esa es la pregunta más importante. ¿Cómo puede un pecador estar bien con Dios como para poder escapar del infierno eterno y entrar al cielo eterno? Esa es la pregunta: ¿Cómo puede un hombre estar bien con Dios? ¿Cómo puede un Dios santo declarar un pecador justo? Esa es la pregunta.

Este es el dilema más grande que existe en el mundo. Este es el gran dilema moral que existe en el mundo. Escuche, es precisamente en respuesta a esa pregunta que la Biblia fue escrita.

¿Escuchó eso? Es precisamente para responder esa pregunta que la Biblia fue escrita. Es precisamente para responder a esa pregunta, que Isaías 53 fue escrito. Esa es la pregunta. En la era del Nuevo Testamento, hubo millones de esclavos, y hubo mucho abuso de esclavos. Los números algunas veces son astronómicos. Algunos dicen 15 millones de esclavos, algunos dicen 60 millones de esclavos.

La gente que era socialmente sensible asumía que el Nuevo Testamento probablemente debería haber confrontado el tráfico de humanos, la esclavitud humana porque tenían sus esclavos sexuales como usted bien lo sabe, si sabe algo de la historia Antigua, y tenían todo tipo de abusos en la esclavitud. Pero me parece fascinante que el Apóstol Pablo quien escribe 13 libros de los 27 en el Nuevo Testamento, nunca escribió acerca de las injusticias sociales de la esclavitud. Lo que él hizo, fue escribir un tratado enorme de cómo un pecador puede estar bien con Dios y escapar del infierno eterno y entrar al cielo eterno y se llama: el libro de Romanos. Isaías 53 es el Romanos del Antiguo Testamento. Romanos, es la revelación más grande, el Nuevo Testamento que responde a esa pregunta.

Todo lo demás en el Nuevo Testamento también es parte de la respuesta a esa pregunta. Claro, pero Romanos ata todos los cabos y se concentra específicamente en responder a la pregunta, e Isaías 53 es la revelación más grande del Antiguo Testamento acerca de la misma pregunta. Y tanto Isaías como Pablo, por cierto, dan la misma respuesta. Ambos dan la misma respuesta. Un pecador, aquí está, puede estar bien con Dios y escapar del infierno eterno y entrar al cielo eterno porque el Siervo de Jehová se convirtió en un sustituto y sufrió el Juicio de Dios en el lugar del pecador. Ese es el mensaje de Romanos y ese es el mensaje de Isaías. Dios derramó su ira hacia los pecadores en el sustituto Siervo. Ahora este es el corazón de la sección del 40 al 66 y voy a mostrarle cuán interesante, simplemente, es este pequeño aspecto de esto. Hay 27 capítulos, 40 al 66, esos son 27 capítulos, están divididos en tres secciones, 9, 9 y 9 en términos de tema.

La primera sección termina con esta afirmación: "No hay paz para el impío". La segunda sección de 9, termina con esta afirmación: "No hay paz para el impío". La tercera sección, termina, capítulo 66 versículo 24, con una afirmación parecida de juicio. Cada una de las tres secciones termina con una advertencia de juicio contra el impío, pero las tres secciones prometen salvación. Son muy evangelísticas. Prometen salvación y terminan con una advertencia si usted la rechaza. Las tres incluyen bendición y paz para el justo y nada de paz y juicio para el impío. Las tres determinan que la justicia y la impiedad son fijadas para siempre. El destino no puede ser alterado. La sección uno, la primera sección, habla de la salvación de la cautividad babilónica.

La segunda sección habla de la salvación del pecado y la sección tres, los últimos 9 capítulos, salvación de la tierra maldecida. Entonces, la primera tiene que ver con la liberación de Israel de Babilonia, la del medio —como dije antes—, tiene que ver con la liberación de los pecadores del pecado y la tercera de la liberación de la tierra de la maldición, el Reino Glorioso Venidero del Mesías. Entonces, estamos en la del medio. La sección de en medio que va del 49 al 57. Y esta de en medio trata con el asunto del perdón de pecados y hace la pregunta acerca de la salvación del pecado. No liberación temporal de Babilonia, y no el Reino Escatológico que está por venir en el futuro, sino liberación del pecado.

Ahora, eso presenta una pregunta muy importante, no pierda esto de vista, esto vale la pena esperarlo. ¿Por qué Dios necesita salvar a su pueblo de sus pecados? Esto es enorme. Y este era el problema con los judíos. Ellos no estaban convencidos de que necesitaban a un Salvador. Ellos pensaban que únicamente necesitaban un Rey Justo. Ellos pensaban que, debido a su descendencia abrahámica, debido a los pactos y las promesas y todo eso, que estaban en el lugar de bendición, debido a su bondad y su religiosidad, debido a sus esfuerzos en sus actividades religiosas, ceremonias, rituales, intentos por obedecer la Ley de Dios, se habían ganado su favor con Dios y entonces lo tenían por raza y lo tenían por mérito. Entonces este mensaje acerca de un Salvador que nos va a librar de nuestros pecados para que podamos escapar del infierno eterno y entrar al cielo eterno, este es un lenguaje extranjero para ellos, no debió haberlo sido.

Mensaje de salvación al pueblo judío

Regrese al primer capítulo de Isaías. Isaías está tratando de comunicarles el mensaje a ellos. Capítulo 1 versículo 4: "¡Oh, gente pecadora, pueblo cargado de maldad, generación de malignos, hijos depravados! Dejaron a Jehová, provocaron a ira al Santo de Israel, se volvieron atrás. ¿Por qué querréis ser castigados aún? Todavía os rebelaréis, toda cabeza está enferma y todo corazón doliente o débil". Como Jeremías 17: "Engañoso es el corazón más que todas las cosas y perverso. Desde la planta del pie hasta la cabeza no hay en él cosas sanas sino herida, hinchazón y podrida llaga, no están curadas ni vendadas ni suavizadas con aceite. Vuestra tierra está destruida, vuestras ciudades puestas a fuego, vuestra tierra delante de vosotros comida por extranjeros y asolada como asolamiento de extraños".

Él habla de desolación: "Príncipes de Sodoma", versículo 10, "oíd la palabra de Jehová; escuchad la ley de nuestro Dios, pueblo de Gomorra. ¿Para qué me sirve, dice Jehová, la multitud de vuestros sacrificios?". Su religión falsa dice el Señor: "Hastiado estoy de holocaustos de carneros y de sebo de animales gordos; no quiero sangre de bueyes ni de ovejas ni de machos cabríos. ¿Quién demanda esto de vuestras manos, cuando venís a presentaros delante de mí para hollar mis atrios? No me traigáis más vana ofrenda, el incienso me es abominación; luna nueva y día de reposo, el convocar asambleas", las cuales por cierto Dios ordenó, "no lo puedo sufrir; son iniquidad vuestras fiestas solemnes. Vuestras lunas nuevas y vuestras fiestas solemnes las tiene aborrecidas mi alma; me son gravosas; cansado estoy de soportarlas. Cuando extendáis vuestras manos, yo esconderé de vosotros mis ojos;

asimismo cuando multipliquéis la oración, yo no oiré; llenas están de sangre vuestras manos. Lavaos y limpiaos; quitad la iniquidad de vuestras obras de delante de mis ojos; dejad de hacer lo malo; aprended a hacer el bien; buscad el juicio, destituir al agraviado, haced justicia al huérfano, amparad a la viuda. Venid luego, dice Jehová, y estemos a cuenta: si vuestros pecados fueran como la grana, como la nieve serán emblanquecidos; si fueran rojos como el carmesí, vendrán a ser como blanca lana".

Necesitaban salvación. Necesitaban desesperadamente salvación. Eran un pueblo impío, y como dije, aquí en este punto del reinado de Manasés, los peores de ellos estaban conduciéndose como cananeos. Necesitaban desesperadamente salvación y redención. Entonces es cuando usted llega a los cánticos del Siervo de Isaías capítulo 42: "Las promesas de que Él va a traer salvación". Capítulo 42 versículos 5 y 6: "Así dice Jehová Dios, Creador de los cielos y el que los despliega, el que extiende la tierra y sus productos; el que da aliento al pueblo que mora sobre ella, y espíritu a los que por ella andan: Yo Jehová te he llamado en justiciar, y te sostendré por la mano; te guardaré y te pondré por pacto al pueblo, por luz de las naciones".

Él está hablando al Siervo, Él está hablando al Mesías. "Yo te pondré por pacto al pueblo, yo te voy hacer luz a las naciones, voy a hacer que tú abras los ojos de los hijos para que saques de la cárcel a los presos". "Cantad", versículo 10, "a Jehová un nuevo cántico, su alabanza desde el fin de la tierra", el Señor va a traer salvación a su pueblo. Capítulo 43 versículo 1: "Ahora, así dice Jehová, Creador tuyo, oh Jacob, y formador tuyo, oh Israel: No temas porque yo te redimí; te puse nombre, mío eres tú. Cuando pases por las aguas, yo estaré contigo; y si por los ríos no te anegarán. Cuando pases por el fuego, no te quemarás ni la llama arderá en ti. Porque yo Jehová, Dios tuyo, el Santo de Israel", ¿cuál es la siguiente frase? "Soy tu", ¿qué?, "tu Salvador", Yo soy tu Salvador. Yo soy tu Salvador. Versículo 11: "Yo, yo Jehová, y fuera de mí no hay quien salve. Yo anuncié, y salvé", dice Jehová. Versículo 14, "Redentor vuestro, el Santo de Israel". Voy a ser tu Salvador, voy a ser tu Redentor y esa es la razón por la que esta sección comienza: "Consolaos", capítulo 40, "Consolaos, consolaos, pueblo mío, dice vuestro Dios. Hablad al corazón de Jerusalén; decidle a voces que su tiempo es ya cumplido, que su pecado es perdonado; que doble ha recibido de la mano de Jehová por todos sus pecados". La salvación está por venir, necesitaban salvación, sí.

El diagnóstico que es dado en el capítulo 1 es reiterado en breve en el capítulo 6, cuando Isaías tiene una visión de Dios, y él dice: "Soy un hombre de labios inmundos y moro en medio de un pueblo de labios inmundos". Isaías entendió la necesidad de salvación, la necesidad de limpieza. Entonces, la sección del centro de mesa de estos tres nueves, la primera tiene que ver con salvación de Babilonia, la última con salvación escatológica en el Reino, la del medio salvación del pecado para pueblo de Dios, judío y gentil, y va a venir mediante el Siervo, quien será el Salvador enviado de Dios. Entonces, la sección del medio, capítulo 49 al 57, los capítulos de en medio son el 52 y el 53 y el versículo de en medio del 53 es el versículo 5: "Más él herido por nuestras rebeliones, molido por nuestros pecados; el castigo de nuestra paz fue sobre él, y por su llaga fuimos nosotros curados".

La sección de en medio, capítulos de en medio, la mitad del capítulo, el versículo de en medio. Todo se enfoca en la perforación o el traspaso sustitutivo del Siervo de Jehová, por nosotros. ¿Cuál será el medio que Dios usará para salvar a su pueblo? ¿Cuál será el medio que Él usará para perdonar sus pecados por la muerte vicaria sustitutiva de su Siervo, su Esclavo, el Mesías, el Rey Justo? Él cumplirá esta profecía.

Interpretación judía de la profecía mesiánica

Este texto, queridos amigos, apunta al Señor Jesucristo. Es tan claro, que es inequívoco. Ahora, permítame darle algo de historia. Los judíos antiguos interpretaron esta profecía originalmente como mesiánica, muy bien. En toda la literatura judía antigua, este capítulo 53, esta área entera, esta sección entera, la sección de en medio, de los últimos 27, todo era mesiánico. Todo era mesiánico, aunque no estaban claros de cómo el Mesías sufriría. Cuando llegaron al capítulo 53 los rabinos escribieron esto: "Que Él será compasivo, que Él en compasión sentirá nuestro dolor". Y hasta ahí llegaron. Ellos entendieron que Él sería un Mesías compasivo, que Él sería un Rey Justo. Dicho de otra manera, que se sintió tan mal porque un pueblo noble había sufrido tanto que Él sintió el dolor de ellos.

Ellos no vieron muerte sustitutiva mesiánica a pesar del hecho de que diariamente en su historia estaban muriendo animales, retratando la muerte sustitutiva. Lo único que vieron en sus escritos fue: compasión, empatía. Esta perspectiva mesiánica de esta sección, por cierto, se aparece en la liturgia judía para el día de la expiación. Esta es una cita de lo que ellos decían: "Horror nos ha cautivado no tenemos a nadie que nos libere. Él ha llevado el yugo de nuestras iniquidades y nuestras transgresiones. Es herido debido a nuestra transgresión, Él lleva nuestro pecado en su hombro para que pueda encontrar perdón por nuestras iniquidades. Somos curados por su llaga en el tiempo en el que la voluntad eterna lo creará como una nueva creación. Oh, tráelo del círculo de la tierra, levántalo de ser para congregar por segunda vez en el monte Líbano por la mano de *Yinon*". *Yinon* es una palabra hebrea para Mesías.

Entonces, ellos, literalmente, en el acontecimiento del día de la expiación parafrasearon a Isaías 53 y después se alejaron de él y dijeron, simplemente significa que él será compasivo hacia nosotros. La idea del Mesías mismo muriendo, no es posible, inaceptable. Esa es la razón por la que Jesús fue al

Antiguo Testamento, para hablar de su sufrimiento necesario, y los Apóstoles, inclusive, predicaron eso. Ellos no tuvieron interés en eso. Escuche, aquí está el punto, esto es muy importante. Ellos no tenían necesidad de un Salvador. Ellos no tenían necesidad de un sacrificio por el pecado. Nadie, en un sistema de obras, necesita un Salvador. Ellos necesitan a alguien que fuera compasivo con ellos. Ellos le daban la bienvenida a alguien que mostrara empatía hacia ellos.

Ellos querían a un Rey que fuera compasivo con lo que habían sufrido, y de esta manera a partir de compasión les dieran lo que de hecho merecían. Esa fue la perspectiva del judaísmo antiguo. Esa fue la perspectiva del judaísmo del Antiguo Testamento. Esa fue la perspectiva del judaísmo post Nuevo Testamento. Esa es la perspectiva del judaísmo moderno. El judaísmo nunca se definiría a sí mismo en los términos de Isaías 1: "enfermo de la cabeza a los pies". Ellos no necesitan un Salvador. Como puede ver, si usted no entiende la doctrina de la depravación y no entiende que usted es incapaz de salvarse a sí mismo por algo que haga, entonces, no necesita usted un salvador que lo salve, usted alcanza la salvación, y cualquier sistema que tiene algún mérito que salva, no tiene lugar para una expiación vicaria sustitutiva.

Después de que el Señor Jesús vino y la Iglesia nació, la Iglesia interpretó claramente Isaías 53, todos los escritores del Nuevo Testamento como dije lo hicieron, la Iglesia comenzó a predicar a los judíos que Jesús es el cumplimiento de Isaías 53. Ellos no querían oír eso, y entonces, persiguieron a la Iglesia. Mataron a los cristianos, como usted sabe, e inclusive hasta el día de hoy, el judaísmo como institución rechaza a Jesucristo, y rechaza a Jesucristo como el cumplimiento de Isaías 53. Cuando se lo leí hace un momento fue una experiencia conmovedora, ¿no es cierto? Simplemente oírlo leído, porque todo lector cristiano, siente el poder de esta descripción de Jesucristo.

Usted siente el poder de su obra que lleva el pecado a favor de usted en la cruz. Por otro lado, un judío que lee eso ve algo completamente diferente. Él ve, esta es la interpretación común, a Israel ahí. Este es Israel sufriendo. Israel es el siervo sufriente, quien ha sufrido y sufrido y sufrido y un día entrará en la gloria. La gloria de Israel está por venir, pero en este momento, están atravesando sufrimiento. ¿Injusto quizás? Esta es una perspectiva judía aduladora de Isaías 53, que ellos como un pueblo noble están sufriendo injustamente atravesando por agonías, pero algún día emergerán y llegarán a la gloria prometida a ellos y se convertirán en la nación suprema y bendecirán al mundo entero. Se van a ganar su gloria mediante su religión, mediante su justicia personal y, escuche, mediante su sufrimiento.

Pero Jesús, no está en Isaías 53. Bueno, esa es la razón por la que Isaías 53 ha sido llamado: "la cámara de tortura de los rabinos". Isaías 53 ha sido llamado: "la conciencia culpable de los rabinos", porque usted no puede meter a Israel aquí. Israel no fue alguien que sufrió de manera humilde, no es alguien que sufre de manera humilde. Israel no es alguien que sufre de manera voluntaria. Israel no es un pueblo justo, sin pecado, que está sufriendo injustamente en un sentido, y al mismo tiempo, de manera vicaria por alguien más.

No hay manera alguna en la que alguien pueda hacer que Israel sea el objeto de Isaías 53. Este tiene que ser Jesús. Pero en este punto, solo quiero señalarle algo que será útil. Israel entonces, Israel en el tiempo de Jesús, e Israel ahora, no tienen necesidad de un sacrificio sustitutivo, no tiene necesidad de un Salvador vicario. No tiene necesidad de un mediador que muera por ellos, lo único que necesitan es un rey compasivo. Solo quieren un gobernante, solo necesitan un rey, no necesitan un Salvador que lleve sus pecados, no necesitan un Salvador que lleve la ira de Dios por ellos, ellos únicamente necesitan un rey que los rescate de todo el sufrimiento y toda la injusticia y el dolor y que les dé la exaltación que ellos merecen debido a su descendencia abrahámica, la promesa davídica y su propia bondad.

Entonces, cuando usted habla con un judío la pregunta que debe hacerle es: "¿Necesitas un Salvador? ¿Necesitas un Salvador? El cristianismo le ofrece a usted un Salvador. ¿Necesitas un sustituto que muera en tu lugar? ¿Necesitas a alguien que lleve la ira de Dios contra tu pecado?". Esa es la pregunta. Y eso regresa a la pregunta de todas las preguntas: "¿Cómo puede un pecador estar bien con Dios como para escapar el infierno eterno y entrar al cielo eterno?" Y la única respuesta es: si los pecados de ese pecador han sido completamente pagados y el único que puede hacer eso, es el sacrificio escogido vicario, sustitutivo Jesucristo mismo.

Diferencia entre judaísmo y cristianismo

La diferencia fundamental, y esto es algo crítico, la diferencia fundamental entre el judaísmo y el cristianismo es esta: el judaísmo es una religión que magnifica el esfuerzo humano y no necesita un Salvador. El cristianismo es una religión que deprecia el esfuerzo humano y necesita desesperadamente a un Salvador. Esa es la diferencia. Los judíos no necesitan un sustituto que lleve la paga por sus pecados. Dios va a aceptarlos en base a Abraham y en base a su bondad y sus privilegios y sus promesas. Esa es la diferencia. No piense ni por un momento que no hay un valle enorme fijo entre esas dos. Los judíos no necesitan un Salvador que les salve de sus pecados personalmente, únicamente necesitan un liberador para rescatarlos de sus enemigos y de sus dificultades.

Los cristianos necesitan un Salvador que les salve de sus trasgresiones, iniquidades y pecados personales. Entonces, la pregunta que debe hacerle a cualquier judío es: "¿Necesitas personalmente un Salvador que tome tu lugar y muera bajo el Juicio de Dios por tus pecados? ¿Necesitas un Salvador?". Esa es la pregunta. Y ese es el problema moral de toda la existencia humana. "Mi Siervo", versículo 11 del 53, "mi Siervo justificará a muchos, Él los hará estar bien con Dios". ¿Cómo? "Él llevará" ¿qué? "Sus iniquidades. En la expiación, el Siervo de Jehová justifica a muchos". Él les prometió en el Antiguo Testamento como el que vendría de la nación de Israel, como descendiente de Abraham para venir a través de la familia de David. El Antiguo Testamento dice que nacerá en Belén. Isaías dice que nacerá de una virgen, pero no es hasta que Él llega, que sabemos quién es Él. ¿No podían saber quién era Él? Pero cuando Él llegó, sabemos que Él es Él, porque, en su bautismo, desde el cielo, la voz del Padre dijo: "Este es mi Hijo amado, en quien tengo complacencia". ¿Qué estaba diciendo Dios ahí? Él estaba haciendo un eco de Isaías 42:1: "He aquí mi siervo, yo le sostendré, mi escogido, en quien mi alma tiene contentamiento; he puesto sobre él mi Espíritu". Eso es lo que pasó en el bautismo. El Espíritu descendió como paloma. El Siervo sufriente, por el testimonio mismo de Dios y la llegada del Espíritu Santo, no es ningún otro que Jesús. Él es el Cordero de Dios quien quita el pecado del mundo. Entonces, al cerrar, pase a Hechos 8.

Conclusión

¿Usted se acuerda de Felipe y el eunuco en Hechos 8? Y Felipe es guiado por el Espíritu para que vaya al carro de este hombre quien es un oficial en la corte. Y llega a este hombre, él es un prosélito gentil al judaísmo. Él ha estado en Jerusalén, está leyendo Isaías, está leyendo Isaías el profeta, y le pregunta en el versículo 30: "Pero, ¿entiendes lo que lees? Él dijo: ¿Y cómo podré, si alguno no me enseñare?"

Entonces, Felipe se subió al carro, y el pasaje que estaba leyendo: él fue llevado como oveja al matadero, como cordero ante sus trasquiladores, está en silencio y no abre su boca. En humillación su juicio fue quitado. Él está leyendo a Isaías el profeta. Y él le pregunta en el versículo 30. "Pero, ¿entiendes lo que lees? Él dijo: Y, ¿cómo podré si alguno no me enseñare?

Y rogó a Felipe que subiese y se sentara con él. El pasaje de la Escritura que leía era este:

Como oveja a la muerte fue llevado; y como cordero mudo que va donde el que lo trasquila, así no abrió su boca. En su humillación no se le hizo justiciar; más su generación ¿quién la contará? Porque fue quitada de la tierra su vida". Tomado de Isaías 53, "Respondiendo el eunuco, dijo a Felipe: Te ruego que me digas, ¿de quién dice el profeta esto; de sí mismo o de algún otro?" ¿De quién está hablando? Me encanta esto. "Entonces Felipe, abriendo su boca, y comenzando desde esta escritura, le anunció el Evangelio de Jesús". Esto es lo que vamos a hacer, vamos a predicar a Jesús a partir de la misma escritura.

Oración

Padre, te damos gracias por nuestro tiempo esta mañana, un tiempo para celebrar, un tiempo para regocijarnos, un tiempo para adorar, un tiempo para contemplar la grandeza de tu Palabra y tu Hijo y nuestro Salvador. Sé con nosotros para bendecirnos, oramos el día de hoy, en su nombre maravilloso oramos. Amén.

REFLEXIONES PERSONALES

02_El siervo sorprendente de Jehová

He aquí que mi siervo será prosperado, será engrandecido y exaltado, y será puesto muy en alto. Como se asombraron de ti muchos, de tal manera fue desfigurado de los hombres su parecer, y su hermosura más que la de los hijos de los hombres, así asombrará él a muchas naciones; los reyes cerrarán ante él la boca, porque verán lo que nunca le fue contado, y entenderán lo que jamás habían oído.

Isaías 52:13-15

BOSQUEJO

— Introducción

— El Mesías esperado

— El Mesías revelado

— El Mesías rechazado

— El Mesías rey

— El Mesías sacrificado

— Una revelación asombrosa

— Una humillación asombrosa

— Una exaltación asombrosa

— Un rechazo asombroso

— Oración

NOTAS PERSONALES AL BOSQUEJO

SERMÓN

Introducción

Para aquellos de ustedes que están congregándose con nosotros, hemos estado esperando un estudio del Antiguo Testamento aquí en Grace Church. Después de muchos años en el Nuevo Testamento y unas cuantas visitas en el Antiguo, y recientemente acabamos de embarcarnos en ese estudio del Antiguo Testamento, y estamos comenzando a estudiar una profecía, en particular, en el Antiguo Testamento que se encuentra en el capítulo 53 de Isaías.

De hecho, la profecía en el capítulo 53 de Isaías comienza al final del capítulo 52. Si yo pudiera hacer lo que quisiera, haría que comenzara, el capítulo 53, tres versículos antes simplemente para incluir la profecía en una sección; realmente comienza en el capítulo 52 en los versículos 13 al 15. Ese va ser el texto para nuestro estudio: "He aquí que mi siervo será prosperado, será engrandecido y exaltado, y será puesto muy en alto. Como se asombraron de ti muchos, de tal manera fue desfigurado de los hombres su parecer, y su hermosura más que la de los hijos de los hombres, así asombrará él a muchas naciones; los reyes cerrarán ante él la boca, porque verán lo que nunca les fue contado, y entenderán lo que jamás habían oído". Esto habla de Jesucristo 700 años antes de que Él naciera, y también lo hace el capítulo 53, y también lo hace esta sección entera de Isaías, con muchos capítulos, dirigidos a la persona del Mesías, quien fue, ningún otro que, el Señor Jesucristo.

Para nosotros, como cristianos, regresamos al Antiguo Testamento y vemos a Cristo por todos lados a lo largo del Antiguo Testamento, porque el Antiguo Testamento profetiza, promete, predice su venida; Él es el Salvador, el único Salvador que el mundo jamás conocerá, el único camino al cielo, el único Redentor. Entiendo que hay 20 o más religiones primordiales en el mundo, hay unos 300 segmentos separados de esas 20 religiones; además, hay formas de religión innumerables en términos de tribus, tradiciones y sectas; y después hay millones de millones de sistemas de creencias personales. Uno tendría dificultad en contar todas las deidades imaginarias que existen en las mentes de la gente.

No obstante, todas excepto por el cristianismo, son religiones falsas; todas, excepto el cristianismo, son engañosas. Solo hay un Dios, solo hay un Salvador. El único Dios es el Creador y Redentor quien nos es presentado en las páginas de las Sagradas Escrituras, quien vino al mundo en la forma del Señor Jesucristo, quien es el único Salvador, y, por cierto, el único Dios en toda la religión que murió y resucitó para dar perdón y salvación a los suyos, es el Señor Jesucristo; el Dios verdadero. Solo el cristianismo, únicamente el cristianismo presenta a un Salvador, y solo hay una verdad y es la verdad del cristianismo, y solo hay un Salvador y es el Señor Jesucristo.

Únicamente el cristianismo enfrenta la realidad de que ninguna persona puede ganarse su camino a Dios, ninguna persona puede ganarse el perdón, ninguna persona puede ganarse la salvación, ninguna persona puede ganarse el cielo mediante la bondad, moralidad, la actividad religiosa, la ceremonia o el ritual. La Biblia es muy clara en que la salvación es un regalo para aquellos que saben que no se la pueden ganar y claman por misericordia, colocando su confianza para el perdón y salvación y el cielo, en el Señor Jesucristo, quien murió por sus pecados y en su lugar, y resucitó triunfalmente de los muertos; la confirmación divina de que Él había satisfecho de manera plena la justicia y la ira de Dios, y la salvación fue hecha disponible. Toda la gente es pecadora, todos los que han vivido son pecadores, todos son incapaces de salvarse a sí mismos, todos necesitan un salvador. Solo hay un Salvador, Jesucristo, quien murió y resucitó y salvará a los suyos, y los llevará a todos ellos al cielo. Ese es el mensaje de las Sagradas Escrituras y esa es la verdad.

Y esa es la razón por lo que la muerte y la resurrección de Jesucristo son celebradas como lo son por los cristianos, es el acontecimiento más grande en la historia del mundo. Pero para colocarlos en el lugar en donde está Isaías, conforme él escribe acerca de esto, unos 700 años antes de que sucediera, regresemos un poco. Regresemos al tiempo antes de que Jesús murió y antes de que resucitara de los muertos, y veamos si podemos entrar un poco a la mente del judío.

El Mesías esperado

Los judíos siempre habían esperado al Mesías, lo cual significa el Ungido, lo cual simplemente es una manera de identificarlo como el Rey. Se les había prometido grandeza, se les había prometido prosperidad como una nación desde el principio porque el padre de esa nación fue Abraham, y Dios hizo un pacto con Abraham y se lo repitió a sus hijos los patriarcas, y después lo repitió a lo largo de la historia de Israel de que Dios un día salvaría esa nación, tanto temporal como espiritualmente, y traería gloria y sanación, y mediante esa nación, al mundo. Dios bendeciría a esa pequeña nación, Israel, y los haría una bendición. Ellos esperaban que esa promesa fuera cumplida. La promesa fue hecha a David, de que el que vendría cumpliría todo esto y estaría en la línea de David, un hijo real, quien saldría de la descendencia de David quien sería el Rey, el Ungido, el Mesías, quien cumpliría todas las promesas de gloria y bendición a Israel y mediante Israel. Estaban esperando a su rey.

Él los libraría de sus enemigos, de sus circunstancias malas y de todo su sufrimiento, Él cumpliría todas las promesas de pacto del Antiguo Testamento de bendición y prosperidad, y la nación, influencia y paz, y justicia a ellos, y mediante ellos al mundo. Los judíos estaban esperando al rey venidero, toda generación; inclusive usted podrá decir que toda familia de personas judías, desde que las promesas fueron dadas desde el principio Abraham y a David, y fueron reiteradas a los profetas a lo largo de su historia, todos estaban esperando la llegada del rey, estaban esperando un rey, un rey como el rey que escogieron originalmente, Saúl, alguien grande y poderoso; estaban esperando a alguien con poder militar, alguien quien fuera un gobernante dominante, a alguien que fuera triunfal, alguien quien los librara de todas las cosas que odiaban, todas las cosas que resistían, todas las cosas que resentían y los guiara a la gloria, y mediante ellos, trajera paz y justicia al mundo. Y ellos sabían qué esperar porque el profeta dijo que el Mesías sería un hombre que sería la simiente de una mujer, Él sería un hombre.

Pero el salmista también dijo: "David lo llamará Señor. Él será un hombre, y, sin embargo, será Dios", ¿cómo puede ser eso? Isaías les dio una pista cuando dijo: "He aquí la virgen concebirá y dará a luz un hijo", entonces, ¿un Dios hombre nacido de una virgen? Sí, Él será un hijo de Abraham, esa es la razón por la que su genealogía está ahí; Él estará en la línea real de David, Él vendrá a través de la tribu de Judá, Él nacerá en la aldea de Belén; ellos tenían algunos detalles mediante los cuales identificarían al Mesías. Entonces, durante siglos ellos habían estado esperando. Y después Jesucristo llegó, nacido de una virgen, en la línea de Abraham, en la línea de Judá, en la línea de David; nacido en la ciudad de Belén, y evidenció su Deidad mediante palabras y obras como el mundo jamás había visto, y jamás verá, un poder desplegado sin paralelos.

El Mesías revelado

¿Acaso ellos nada más deberían haber recibido y confirmado: Este es el Mesías? Todos los requisitos fueron cumplidos y más, pero el problema que tuvieron fue: ¿Dónde está la pompa, y dónde está la circunstancia, y dónde está la fanfarria, y dónde está el poder militar? Él nació humildemente en un comedero de animales, y Él fue asistido en su nacimiento por las personas más bajas en la escala social, pastores, considerados con un tipo de valor bajo; Él vivió humildemente en una familia muy promedio, y menos que promedio, afuera de la ciudad llamada Nazaret; Él se rodeó de algunos "nadies" muy humildes y los hizo sus mensajeros; Él no buscó posición, Él no buscó educación, Él no tuvo amigos, Él no hizo amigos con la élite, Él no congregó un ejército, Él no presentó una estrategia para establecer su gobierno.

Pero Él tuvo este poder que, de manera inequívoca, innegable y visible durante el tiempo de su ministerio, Él expulso la enfermedad de la tierra de Israel, Él tuvo poder sobre la enfermedad, demonios, la muerte y la naturaleza. E inclusive con toda la decepción acerca de lo que Él no estaba haciendo, aun así estaba la realidad de que Él tuvo este poder sorprendente, divino, y entonces, por lo menos fue durante un día que sus esperanzas de que Jesús fuera su Mesías en cierta manera se encendieron, y hubo esta expectativa enorme colectiva, la esperanza de que Él sería su Mesías, a pesar de la decepción, y ese fue el día en que Él entró en Jerusalén para la última Pascua. Ellos arrojaron las túnicas que tenían a los pies de Él, arrojaron hojas de palma bajo Él, dijeron: "Hosanna, el hijo de David", el cual fue un título mesiánico; ellos lo alabaron: "Bendito el que viene en el nombre del Señor"; ellos lo reconocieron como su Rey y su Mesías en base a sus milagros, el último de los cuales fue muy conocido, la resurrección de Lázaro de los muertos.

Y ellos debían estar esperando que quizá si tan solo forzaban esto —habían cientos de miles de personas ahí en Jerusalén porque era la Pascua—, y quizás ellos pensaron que si tan solo presionaban lo suficiente ahora y todos estaban aquí, Él podía, en cierta manera, tomarlos como un ejército instantáneo y podían echar andar esto. Y entonces lo reconocieron como su Mesías, esperando como esos dos discípulos en el camino a Emaús que dijeron: "Esperábamos que él fuera el rey, el redentor", todos estaban esperando. Al día siguiente Él regresó a la ciudad después de la entrada triunfal y Él procedió a atacar, pero no atacó a los romanos, los enemigos de Dios y los enemigos de Israel, Él atacó a los judíos, atacó al templo; Él se hizo de un látigo y comenzó a expulsar a la gente, lo habían convertido en una cueva de ladrones. Él lo hizo en el principio de su ministerio, y lo hizo a la semana final de su ministerio; Él atacó a los líderes judíos religiosos; Él atacó el judaísmo en su punto más elevado, en su cúspide, en su pináculo; Él atacó el templo, atacó a la religión, y nunca tocó a los romanos.

El Mesías rechazado

Ellos ya tenían sus dudas acerca de Él, porque no actuó como un rey, ellos ya estaban cansados de estar decepcionados por Él, porque cuando trataron de hacerlo un rey Él desapareció; entonces, se volvieron en contra de Jesús. Durante el resto de la semana, Él siguió atacando la teología falsa y apóstata del judaísmo en el templo y ensenándole a la gente la verdad, pero la gente ya se había vuelto, y ya para el viernes estaban clamando por su sangre: "¡Crucificadle, crucificadle!". Lo entregaron a los romanos y eso es exactamente lo que los romanos hicieron; estaban esperando que Él fuera el que redimiera a Israel, pero Él no fue el rey que querían.

Como pueden ver, el problema fue que su judaísmo se había desarrollado hasta convertirse en una religión falsa como cualquier otra religión falsa en el mundo, cualquier otro conjunto de mentiras, cualquier otro engaño; un sistema de mérito, un sistema de crédito, un sistema en donde usted se gana su camino a Dios y al cielo al ser una persona buena, una persona moral, y una persona religiosa; así es como ellos vieron la religión. El meollo del asunto es que no necesitaron un salvador, inclusive cuando Juan el Bautista dijo: "He aquí el Cordero de Dios que quita el pecado del mundo", no lo entendieron.

Pero todos esos sacrificios que habían hecho durante milenios, todos esos millones de animales que habían muerto estaban apuntando al que sería el cordero sacrificial final cuya muerte verdaderamente satisfaría a Dios y pagaría la paga por sus pecados. Aun así, no lo entendieron, no necesitaban un salvador, ellos simplemente necesitaban un rey; no necesitaban ser liberados de sus pecados, eran justos; necesitaban ser liberados de sus circunstancias y su sufrimiento. No pensaban que necesitaban un salvador que los librara del juicio de Dios que estaba a punto de caer sobre ellos porque eran tan pecaminosos; y eran hijos de Abraham, estaban seguros —pensaron ellos—, eran hijos de la promesa, hijos del pacto, habían sido adoptados por Dios, y entonces se volvieron en contra de Jesús.

El Mesías rey

Ahora, la verdad es esta: Jesús es el rey, Él llegó como el rey; pero no pudo traer su reino en su plenitud con todas sus promesas hasta que hubiera provisto salvación para los suyos, su reino es un reino de salvación. La gente en su reino son personas que han sido salvadas de sus pecados; no puede haber un reino para Israel o para nadie más hasta que el pecado haya sido pagado. Él no pudo proveer un reino para los suyos hasta que Él proveyera salvación para los suyos. Ellos no podían ser librados de sus enemigos, ellos no podían ser librados de sus circunstancias, ellos no podían ser librados de su sufrimiento hasta que hubieran sido librados de su pecado, y esa fue la razón por la que Él tuvo que morir y resucitar, y ese es el Evangelio, y ese fue el mensaje que Él predicó, y ese fue el mensaje que los apóstoles predicaron, y ese fue el mensaje que los predicadores después de la resurrección predicaron, y ese es el mensaje que los escritores del Nuevo Testamento nos dieron, y ese es el mensaje que la iglesia verdadera ha predicado desde ese entonces hasta este mismo día.

Ellos debieron haberlo creído, ellos debieron haber creído que necesitaban ser salvados de sus pecados, ellos debieron haber creído que el Mesías iba a venir y morir y resucitar, y después reinar en algún punto más adelante. Él iba a venir y proveer salvación espiritual para sus hijos y después darles las promesas del reino. Dice usted: "Bueno, ¿por qué que ellos debieron haber creído eso?". Bueno, usted podría decir que debieron haberlo creído al entender el sistema sacrificial; todos los animales que masacraron diariamente en el sacrificio de la mañana, el sacrificio de la tarde, todos los días de la expiación y todos los demás sacrificios, ¿a qué apuntaba todo eso? ¿Qué era lo que veía?

Ellos debieron haber sabido.

El Mesías sacrificado

Y cuando Juan dijo: "Este es el Cordero de Dios", ellos debieron haber relacionado eso con el sistema bajo el que habían vivido, y entender que Él venía para ser el sacrificio final y aceptable al cual todos los demás apuntaron; pero si ellos no pudieron hacer esa relación, debieron haber sabido lo que Isaías 52 y 53 decía. Entonces, vayamos ahí, porque Jesús aparece en Isaías 52:13 al 53:12. Esto es acerca de mi Siervo, el Mesías. Este es el cuarto capítulo del Mesías como el Siervo de Jehová, capítulo 42, 49 y 50, Isaías ya ha incluido características del Mesías venidero quien es el Señor Jesucristo, este es el cuarto de esos capítulos. Y realmente comienza, como dije, en el versículo 13 del 52.

Ahora, el Siervo de Jehová, el Mesías, no aparece de hecho aquí ni habla en este capítulo, pero como un escritor dijo: "Él es parte del poema, es acerca de Él", Él no es el orador, pero es acerca de Él. También esta profecía maravillosa acerca del Mesías se divide en cinco categorías, cinco secciones, y vamos hablar de esto conforme avanzamos a lo largo de las cinco secciones, cada una de ellas es de unos tres versículos de largo, se vuelven más profundas, de más peso, e inclusive más largas conforme avanzamos. Es una presentación poderosa, acumulativa del Mesías venidero. Otra cosa que debemos señalar acerca de esta sección de las Escrituras es que es triste; tiene una especie de tono quebrantado de lloro, es oscura, y la oscuridad de la misma y el lloro, presenta un trasfondo de oscuridad, a la luz de la cual su luz brilla con mucha intensidad.

Ahora, al llegar a los versículos 13 al 15 se nos va presentar al Mesías, el Rey, y de esta manera al Señor Jesucristo en su carrera. Esta es una profecía sorprendente. Lo que nos dice el capítulo 53 expande lo que se presenta a manera de resumen en el 52:13 al 15, pero lo que nos dice acerca del Mesías es que Él sufrirá y que Él será exaltado, que antes de su gloria vendrá su sufrimiento. Eso es lo que usted ve en los tres versículos que le señalé al final del capítulo 52, sufrimiento y después gloria. Ellos debieron haber sabido eso. Y después, el sufrimiento y la gloria son presentados a detalle en el capítulo 53. De hecho, simplemente para darle una especie de panorama del capítulo 53, sabemos que es acerca de la muerte del Siervo de Jehová, la muerte del Mesías; se nos presenta el hecho de que Él es un varón de dolores en el versículo 3, Él está experimentado en quebranto; lo encontramos golpeado, herido, traspasado, aplastado; y esto resulta en, literalmente, su muerte. Él es como un cordero llevado al matadero, en el versículo 7. Versículo 8, Él es cortado de la tierra de los vivientes, esa es una expresión hebrea para la muerte. Lo encontramos en el versículo 9 en una tumba; lo encontramos en el versículo 10 como una ofrenda por la culpa; lo encontramos en el versículo 12 derramándose a sí mismo hasta la muerte, este es el Siervo de Jehová.

Todos los judíos en la historia, hasta la época de Cristo, interpretaron esta sección de Isaías como mesiánica. Este es el Mesías muriendo una muerte horrible, vista desde diferentes ángulos; un tipo de muerte aplastante, hiriente, disciplinadora, azotadora. Pero también encuentra en el capítulo 53, la resurrección. En el versículo 10 veremos a su descendencia, Él prolongará sus días, y la buena voluntad del Señor prosperará en su mano. En el versículo 11, como el resultado de la angustia de su alma verá, y como una lectura lo expresa, verá luz y quedará satisfecho. Versículo 12, Jehová le dará una porción con los grandes, y dividirá el botín con los fuertes. Entonces, Él sale triunfante y victorioso. Los judíos deberían haber sabido que su Mesías en Isaías morirá, resucitará, será exaltado, sufrirá primero y después será exaltado porque estuvo aquí, y ellos sabían que esto era mesiánico porque el pasaje gira en torno al Mesías. Entonces, el día de hoy quiero que veamos estos tres versículos que presentan esta porción bajo el título: "El Siervo sorprendente".

Una revelación asombrosa

El lenguaje aquí enfatiza que todo acerca del Mesías es asombroso, sorprendente. Comienza con la frase "He aquí", versículo 13; y después en el versículo 14 aparece la palabra "asombraron"; y después en el versículo 15 la palabra, que en algunas Biblias es "rociar", sería mejor traducida "asombrará", y explicaré eso en un momento; y después tiene a reyes y a naciones sin palabras. El lenguaje "he aquí", "asombrar", "asombra", "sin palabras", todo indica que este es un retrato sorprendente, asombroso de la carrera del Mesías Rey, y vamos a dividirlo simplemente.

Versículo 13, primero la revelación sorprendente: "He aquí que mi Siervo será prosperado, será engrandecido y exaltado". "He aquí", el hebreo *Hiné*, atención plena, presten su atención completa. El Mesías es presentado por cuarta vez en esta profecía de Isaías como el Siervo de Jehová, mi Siervo, mi *ebed*, lo cual significa esclavo, una palabra que se refiere al que hacía el trabajo duro en obediencia a su amo, el que no tenía voluntad personal, únicamente a la de su amo y vivía para agradar a su amo. Dios identifica al Mesías como su Esclavo, su Esclavo obediente, sumiso. El Siervo de Jehová, el Esclavo de Jehová, ese un título mesiánico, el que viene a hacer la voluntad de Jehová. Él es el único israelita, el único, cuya obra prosperará a tal nivel que Él será prosperado, engrandecido y exaltado; y al final, literalmente, Él va hacer que el mundo quede sin palabras.

Dios había quedado decepcionado con la nación de Israel. Aquí está el verdadero y único Siervo de Jehová, el verdadero y único Israelita que llevará a cabo la redención de los suyos, de sus pecados, y después de sus circunstancias y sus sufrimientos y sus enemigos. Simplemente una nota acerca de "mi Siervo". Hay cuatro veces en los profetas en donde usted tiene: "He aquí", "mí", o "he aquí" refiriéndose al Mesías; "aquí", "he aquí", "que mi Siervo". También en Zacarías 3:8: "He aquí mi Siervo", refiriéndose al Mesías. En Zacarías 6:12 es: "He aquí el Hombre, el Varón", lo cual nos dice que el Mesías será el Siervo de Dios, Él también será un hombre. En Zacarías 9:9 el profeta dice: "He aquí vuestro Rey". Entonces, el Mesías será el Siervo de Jehová, un Hombre y Rey.

Y en Isaías dice del Mesías: "He aquí tu Dios, Mesías, será Hombre y Dios, y Siervo y Rey". Esos están en yuxtaposición, ¿no es cierto? Hombre y Dios, Siervo y Rey, Él es todo eso. "He aquí, véanlo", y todos esos títulos poderosos, ese cuarteto de títulos: Hombre, Dios, Siervo, Rey, se convierten en el tema de los cuatro Evangelios. Mateo lo presenta como Rey, Marcos lo presenta como Siervo, Lucas lo presenta como Hombre, y Juan lo presenta como Dios: "Véanlo, vean a mi Siervo". Aquel cuya comida es hacer la voluntad del que lo envió y terminar su obra. El que dijo: "Siempre hago las cosas que agradan a mi Padre". "Mi Siervo —dice Él— será prosperado". Esta es la revelación: "Será prosperado".

No es una vida con buenas intenciones que terminó mal. Jesús no murió como algún tipo de mártir por una causa noble que no pudo cumplir. "Mi Siervo será prosperado". En hebreo, de hecho, literalmente, es actuar inteligentemente, actuar sabiamente, y en el lenguaje hebreo eso siempre significa que es medido por el éxito; no es como el lenguaje griego que tiene todo tipo de matices, pero cuando alguien dice que actúa sabiamente en el hebreo, lo que quiere decir es que son exitosos. Esa es la razón por la que ese mismo verbo que es traducido aquí "será prosperado", aparece en Josué 1:8, y es traducido de esta manera: "Harás prosperar tu camino".

El éxito es el resultado del trabajo duro y estrategia sabia. Él actuará de manera inteligente, Él actuará de manera sabia, Él será prosperado, Él cumplirá mi trabajo, Él prosperará. Y, por cierto, el verbo, de hecho, tiene la idea de manera incremental, y este verbo nunca es aplicado a éxito en el que alguien cayó, nunca se aplica algún éxito sin esfuerzo o algún éxito que no es obtenido mediante sabiduría y acción cuidadosa. "Él no fallará", eso es lo que el profeta dijo, "en cumplir la voluntad de Dios. Él hará aquello para lo que Yo lo envié, Él hará aquello que Yo determiné que hiciera". La evidencia de su éxito está en el mismo versículo: "Será engrandecido y exaltado, y será puesto muy en alto". Esa es una serie que no es redundante.

Sé que usted lo lee y dice: "Alto, levantado, grandemente exaltado, se oye redundante", no lo es. Es alto, más alto, lo más alto. Dios lo va hacer alto, después más alto, y después lo más alto. Alto, creo yo, ve su resurrección, más alto ve su ascensión y lo más alto vea su coronación. Él va ser tan exitoso que Dios lo va resucitar de los muertos, Dios lo va llevar a la gloria y Dios lo va a colocar a su diestra, Filipenses 2: 9 al 11; Dios le va dar el nombre que es sobre todo nombre, Señor, y en ese nombre toda rodilla se doblará. Dios lo va hacer el gobernante sobre todo el universo, Él va ser el Rey del universo como también la cabeza de la Iglesia.

Una humillación asombrosa

La revelación sorprendente del Siervo de Jehová es esta: Él vendrá, Él tendrá éxito, Él cumplirá el propósito de Dios mediante su gran esfuerzo, y Dios certificará eso al resucitarlo de los muertos, llevándolo a la gloria y sentándolo sobre su trono; esa es una aparición sorprendente del Mesías. Es seguida por una humillación sorprendente. Esas grandes palabras en el versículo 13 entonces de manera inmediata se desvanecen en el lenguaje del versículo 14: "Como se asombraron de ti muchos, de tal manera fue desfigurado de los hombres su parecer, y su hermosura más que la de los hijos de los hombres"; esto nos parece raro porque el siguiente versículo habla de cómo las naciones y los reyes son callados por su gloria.

¿Qué está pasando aquí? Su carrera será exitosa, Él será levantado, ascenderá y será coronado en gloria; pero el éxito prometido del Siervo de Jehová a librar a los suyos, incluye una humillación sorprendente. Versículo 14: "Como se asombraron de ti muchos", y creo que eso está dirigido al Mesías, y entonces algunos añaden "mi pueblo" en letra inclinada, eso no ayuda porque Él realmente le está hablando al Mesías, no a Israel, "Así como muchos se asombraron de ti", y cambiando los pronombres de la segunda a la tercera persona; no es raro en el lenguaje profético en el Antiguo Testamento: "Como se asombraron de ti muchos, de tal manera fue desfigurado de los hombres su parecer, y su hermosura más que la de los hijos de los hombres". Muchos se van asombrar de Él, pero no por su exaltación; muchos van asombrarse por su humillación. ¿Muchos? Sí, muchos; la gente de Israel básicamente, ellos son los únicos que vieron su humillación.

La palabra "asombraron", podríamos hablar de ella por tan solo un momento, de nuevo, el lenguaje hebreo deriva tanto del contexto. La palabra podría ser traducida abandonar, arrojar a una condición insensible, quedar petrificado, ser paralizado, básicamente tiene la idea de que usted está tan conmovido que pierde el control. Esto que le va a suceder al Mesías es tan conmovedor, es casi paralizante. ¿Y qué es lo que causa este shock? Que cuando el Mesías viene, su apariencia fue desfigurada más que cualquier otro hombre, y su parecer más que el de los hijos de los hombres; "su parecer" tiene que ver con su rostro, y "su hermosura" tiene que ver con su cuerpo; en rostro y en cuerpo Él es desfigurado más que cualquier hombre, más que los hijos de los hombres.

¿Qué significa eso? Su rostro y su cuerpo serán desfigurados a tal grado, y distorsionados a tal grado, que literalmente, en hebreo, estará lejos de los hombres o más allá de los hombres, fuera de la categoría del ser humano. Esto es una distorsión y una desfiguración que destruye toda apariencia humana. ¿Qué podría ser eso? Algunos pensaron que el Mesías sería feo, que Él sería repulsivo, que cuando caminaba sobre la tierra, Él estaría deformado de alguna manera; eso no es lo que está diciendo. La verdad es que el Mesías fue Dios en carne humana, Él fue el ideal, sin pecado de la creación humana, por lo tanto, Él fue hermoso en todo sentido, Él fue el hombre más varonil y apuesto que jamás vivió; pero ese no es el punto. Esto señala a su crucifixión y a lo que llevó, en donde Él fue tan desfigurado, tan mutilado, tan distorsionado, que ni siquiera se vio como humano.

El Salmo 22:14-17 da algunos detalles de lo que iba a sucederle en la cruz, que inclusive habla de estas cosas: "He sido derramado como aguas, y todos mis huesos se descoyuntaron; mi corazón fue como cera, derritiéndose en medio de mis entrañas. Como tiesto se secó mi vigor, y mi lengua se pegó a mi paladar, y me has puesto en el polvo de la muerte. Porque perros me ha rodeado; me ha cercado cuadrilla de malignos; horadaron mis manos y mis pies. Entre tanto, ellos me miran y me observan".

Isaías ya dijo en el capítulo 50, versículo 5 y 6, que van a arrancarle la barba y que le van a escupir en el rostro. Todos sabemos lo que le pasó a Jesús. Él fue azotado de manera brutal, casi hasta la muerte, mediante un látigo de tal manera que su cuerpo fue una masa de heridas abiertas con la sangre saliendo; una corona de espinas fue colocada en su cabeza, con espinas más largas de dos o tres centímetros, la sangre corría por su rostro; el no dormir varias noches llevó a su crucifixión, al cansancio; entendemos, a partir de las Escrituras, que Él fue golpeado en el rostro, lo golpearon como si fuera un *punching bag*, como si fuera un costal de boxeo; le escupieron.

También podemos entender las laceraciones que Él debió sufrir en su rostro, el rostro desfigurado, torturado, sufriendo; apenas reconoce usted a un ser humano bajo la sangre y las heridas y la carga aplastante de su cuerpo colgando en una cruz y siendo dislocado, y entonces dice "se asombraron de ti", fue el asombro del menosprecio. Este no podía ser su Mesías, esto retrata el shock de la gente común y corriente que vio su humillación. Él fue un objeto de repulsión para ellos, nadie quería acercarse a su Mesías

Rey ni siquiera un poco; su degradación es la más profunda posible, la más horrible, pero también lo será su exaltación. Hubieron muchos que vieron eso, muchos en Israel; pero todo el mundo verá su exaltación.

Una exaltación asombrosa

Vamos de una revelación sorprendente a una humillación, o mutilación sorprendente, y después, finalmente, una exaltación sorprendente. Observe el versículo 15, esto es importante: "Así asombrará él a muchas naciones; los reyes cerrarán ante él la boca, porque verán lo que nunca les fue contado, y entenderán lo que jamás habían oído". Esto habla de su exaltación. La escena cambia con otro shock contundente; fueron judíos comunes y corrientes que vivían en Israel que se asombraron ante su apariencia desfigurada en la muerte. Ahora, de pronto, el asombro le pertenece a naciones y reyes quienes literalmente quedan mudos, que quedan sin palabras cuando lo ven. Notarán que es posible que en su Biblia diga "rocío" en lugar de "asombrará", eso es posible. De nuevo, al tratar con el lenguaje hebreo tenemos que decidir, en cierta manera, si vamos a ir en una u otra dirección en palabras que podrán significar un par de cosas, podrían significar algo literal o algo metafórico; en este caso "rociar" es una traducción apropiada del verbo, literalmente significa algo que he rociado y algunos traductores han usado rociar y han dicho: "Bueno, esto significa que en su muerte y humillación y mutilación, Él proveerá limpieza para las naciones".

Él va limpiar a muchas naciones, ahora Él ha pasado de ser un sacrificio, a ser un sacerdote.

Después de estudiarlo con profundidad, creo que es mejor traducirlo con la palabra "asombrará". ¿Por qué asombrará? Bueno, porque encaja el paralelo. Se asombraron ante el hombre que estaba desfigurado, y de esta manera se asombrarán ante su exaltación; porque debido al paralelo, el efecto que Él produce por su exaltación necesita ser paralelo al efecto producido por su humillación. El efecto producido por su humillación fue asombroso, y entonces el efecto producido por su exaltación también es asombroso. Dice usted: "Bueno, eso está bien en contexto, pero, ¿qué hay acerca de las palabras?".

"Rociar" y "asombrar" parecen como dos palabras diferentes, realmente no, *nasá*, el verbo puede significar rociar, pero puede significar metafóricamente saltar, y hay evidencia que podría significar saltar por emoción excesiva. Puede significar asombrar metafóricamente, y, por cierto, las naciones no pueden ser limpiadas de cualquier manera, los individuos sí; pero el mundo entero puede asombrarse y se asombrará por el regreso de Cristo. El día vendrá cuando las naciones del mundo temblarán con asombro cuando Él venga. El sol dejará de brillar, dice la Biblia, la luna dejará de brillar,

las estrellas dejarán de brillar, y la señal del Hijo del Hombre en gloria refulgente aparecerá en el cielo, Mateo 24:29, Él vendrá en esa gloria refulgente;
Daniel también habla de eso. También aprendemos en el libro del Apocalipsis que la gente clamará porque las rocas y los montes caigan sobre ellos
para esconderlos del rostro de su venida. Todo ojo le verá, todo ojo le verá.

¿Y por qué se concentran en las naciones y en los reyes? Porque cuando
Él viene a establecer su reino, Él literalmente va a apoderarse del mundo; Él
va a reemplazar a los reyes. ¿Por qué están las naciones agitadas?, Salmos
2: "¿Por qué se amotinan las gentes, y los pueblos piensan cosas vanas? Se
levantarán los reyes de la tierra, y los príncipes consultarán unidos contra
Jehová y contra su ungido, diciendo: Rompamos sus ligaduras, y echemos
de nosotros sus cuerdas. El que mora en los cielos se reirá; el Señor se bur-
lará de ellos. Luego hablará a ellos en su furor y los turbará con su ira. Pero
yo he puesto mi rey sobre Sion, mi santo monte".

Cuando Dios establece a su Rey en el mundo como el Rey del mundo,
las naciones todas verán su exaltación gloriosa. Están asombrados ante
su crucifixión, los que la vieron. El mundo entero se asombrará cuando
Él regrese y aparezca en gloria, el drama que ocurrirá conforme del cielo
se oscurece y conforme Cristo aparece en gloria, será visto por todo el
mundo. Los reyes cerrarán ante Él la boca, aquellos que siempre tienen
un derecho de hablar quedarán sin palabras; el efecto involuntario del
shock y el asombro, del asombro extremo, de la emoción intensa, va hacer
que ellos queden en silencio. El mundo quedará mudo conforme Él viene.
¿Por qué? Porque verán lo que nunca les fue contado y entenderán lo que
jamás habían oído.

Al mundo no se le ha contado del regreso glorioso de Cristo, pero cuando Él venga todos lo verán, todos lo entenderán, y quedarán asombrados en
silencio. Recibirán su educación teológica completa acerca de la Segunda
Venida en un momento. Entonces, el parecer desfigurado, inhumano, de
nuestro Señor, asombró a los judíos del primer siglo que lo vieron; su exaltación asombrará al globo, y el mundo entero lo verá. Ahora, entre su humillación, la cual incluye su muerte y su exaltación, algo tuvo que suceder, ¿qué
fue? Resurrección. Tiene que haber una resurrección, y eso es exactamente
lo que, no solo se presenta de manera implícita, sino que es afirmado en el
versículo 13: Él será engrandecido (resurrección), y exaltado (ascensión), y
será puesto muy en alto (coronación).

El Salmo 16, el salmista dice: "Dios no dejará que su Santo, el Mesías,
vea corrupción. Su alma no perecerá, su cuerpo no perecerá en la tumba, Él
verá el camino de la vida". El Salmo 16 promete la resurrección del Mesías;
Pedro predicó de ese Salmo en el día de Pentecostés en ese gran sermón de

la resurrección de Cristo. Y la resurrección está aquí en el versículo 13, pero más que eso, es la parte faltante que es más obvia en el texto porque usted no puede tener muerte y exaltación, a menos de que tenga resurrección. Por cierto, el Apóstol Pablo citó el versículo 15, la parte final: "Verán lo que nunca les fue contado, y entenderán lo que jamás habían oído"; él citó eso mostrando que el versículo no solo incluye la exaltación final y el reinado de Cristo, sino la predicación del Evangelio que lleva a eso.

El mundo será conmovido, estará en shock cuando suceda porque no lo esperarán, no se les habrá contado, no lo habrán entendido; pero a lo largo de la historia, inclusive ahora, a la gente se le está diciendo, la gente está llegando a entenderlo. Entonces, Pablo extiende esto que tiene su cumplimiento final en el regreso de Cristo, y el shock de las naciones de regreso al periodo de la predicación del Evangelio, cuando le estamos diciendo a la gente lo que nunca antes han visto, lo que nunca antes han entendido acerca de la gloria de Cristo.

Entonces, encontramos inclusive aquí la carrera del Mesías que tendrá éxito. Él cumplirá con la obra de Dios, y, por lo tanto, será resucitado, será llevado al cielo, y será coronado. Voy a dejar que Isaías tenga la última palabra, y es la primera línea del capítulo 53, una revelación asombrosa, una humillación asombrosa y una exaltación asombrosa; y ahí en esa línea tenemos un rechazo asombroso.

Un rechazo asombroso

El profeta dice, de manera reflexiva y con tristeza: "¿Quién ha creído a nuestro anuncio?". Mirando hacia adelante, los judíos vivieron esto cuando crucificaron a Jesús, los judíos vivieron esto después de que Él resucitó de los muertos; ha estado ahí siempre. ¿Quién lo ha creído? Un remanente pequeño.

El mundo ha tenido esta porción de las Escrituras con respecto a la muerte y resurrección del Mesías, ¿y quién la ha creído? Esa es la realidad triste del rechazo. Y es redundante decirlo, pero, ¿qué hay acerca de usted?, esa es la pregunta que tiene que ser presentada y respondida el día de hoy, ¿qué hay acerca de usted? ¿Qué hay acerca de usted? ¿Cree usted que el Señor Jesucristo murió por sus pecados y resucitó de los muertos para la justificación de usted, y un día vendrá como el Rey exaltado y tomará a los suyos y los llevará al reino prometido? ¿Cree usted que Él no pudo venir a reinar hasta que Él vino a salvar? ¿Cree usted que Él no pudo recibir su gloria hasta que Él sufriera? Ese es el Evangelio, y al creer el Evangelio hay salvación para usted. Esto haría de este día el más maravilloso de su vida, si hasta el día de hoy no ha entregado su vida a Cristo.

Oración

Acompáñame en oración. Padre, te damos gracias por la coherencia de las Escrituras y su poder, gracias porque vive y exhala y está viva, y es poderosa. Lleva a cabo una obra poderosa, en nuestras almas, de aliento, derramando la verdad de nuestras almas. Para aquellos que no conocen, que la puedan conocer; para aquellos que la conocen, que puedan amarla aún más y proclamarla con mayor fidelidad. Nos regocijamos en el regalo de la vida eterna, dada mediante la resurrección de nuestro Señor. Y te damos gracias en su nombre maravilloso. Amén.

REFLEXIONES PERSONALES

03_El siervo menospreciado de Jehová. Parte 1

¿Quién ha creído a nuestro anuncio? ¿Y sobre quién se ha manifestado el brazo de Jehová? Subirá cual renuevo delante de él, y como raíz de tierra seca; no hay parecer en él, ni hermosura; le veremos, mas sin atractivo para que le deseemos. Despreciado y desechado entre los hombres, varón de dolores, experimentado en quebranto; y como que escondimos de él el rostro, fue menospreciado, y no lo estimamos.

Isaías 53:1-3

BOSQUEJO

— Introducción

— La profecía más profunda

— Breve panorama general

— El siervo de Dios

— El pueblo escogido de Dios

— Oración

NOTAS PERSONALES AL BOSQUEJO

SERMÓN

Introducción

Abran la palabra de Dios, en el capítulo 53 de Isaías. Este texto es un pozo sin fondo de verdad y realidad bíblicas. Cuanto más lo investigo, más profundo me parece, no tiene paralelos en las Escrituras, y entender los desafíos de toda una vida, es profundo, es elevado y es amplio, y haré lo mejor que pueda por discernir todo lo que está aquí para nosotros y dejar aún, habiendo hecho eso, dejar mucho para su propio estudio futuro.

Pero para presentar este capítulo incomparable y que esté en su mente y quiero leerlo comenzando con el versículo 1 al 12: "¿Quién ha creído nuestro anuncio? ¿Y sobre quién se ha manifestado el brazo de Jehová? Subirá cual renuevo delante de él, y como raíz de tierra seca; no hay parecer en él, ni hermosura; le veremos, mas sin atractivo para que le deseemos. Despreciado y desechado entre los hombres, varón de dolores, experimentado en quebranto; y como que escondimos de él el rostro, fue menospreciado, y no lo estimamos. Ciertamente llevó él nuestras enfermedades, y sufrió nuestros dolores; y nosotros le tuvimos por azotado, por herido de Dios y abatido. Mas él, herido fue por nuestras rebeliones, molido por nuestros pecados; el castigo de nuestra paz fue sobre él, y por su llaga fuimos nosotros curados. Todos nosotros nos descarriamos como ovejas, cada cual se apartó por su camino; mas Jehová cargó en él, el pecado de todos nosotros. Angustiado él, y afligido, no abrió su boca; como cordero fue llevado al matadero; y como oveja delante de sus trasquiladores, enmudeció, y no abrió su boca. Por cárcel y por juicio fue quitado; y su generación, ¿quién la contará? Porque fue cortado de la tierra de los vivientes, y por la rebelión de mi pueblo fue herido. Y se dispuso con los impíos su sepultura, mas con los ricos fue en su muerte; aunque nunca hizo maldad, ni hubo engaño en su boca. Con todo eso, Jehová quiso quebrantarlo, sujetándole a padecimiento.

Cuando haya puesto su vida en expiación por el pecado, verá linaje, vivirá por largos días, y la voluntad de Jehová será en su mano prosperada. Verá el fruto de la aflicción de su alma, y quedará satisfecho; por su conocimiento justificará mi siervo justo a muchos, y llevará las iniquidades de ellos. Por tanto, yo le daré parte con los grandes, y con los fuertes repartirá despojos; por cuanto derramó su vida hasta la muerte, y fue contado con los pecadores, habiendo él llevado el pecado de muchos, y orado por los trasgresores".

Mientras que, para los creyentes a lo largo de los siglos, este capítulo ha sido un punto de gozo triunfal y de bendición profunda conforme ve la cruz de nuestro Señor Jesucristo, la verdad acerca de este texto es que es una canción triste. Este es un cántico triste, es un lamento, es una canción de lamentación, es una canción de remordimiento, un himno en clave menor de arrepentimiento. Este capítulo, de hecho, constituye la confesión más grande que jamás será hecha en la historia del mundo, por parte de una nación, y en lo que a las Escrituras concierne, solo hay una nación que, como nación, se volverá a Cristo, y esa es la nación de Israel. Esa es la promesa de Dios para ellos en el futuro. Cuando se vuelvan a Cristo, esta será su confesión, no todo conforme leí. Hasta el versículo 10 los verbos están en el tiempo pasado. La mayoría de la gente piensa de este capítulo como una profecía futura acerca de Cristo y eso nos da tantos detalles acerca de Cristo y su muerte y sepultura y resurrección y exaltación que, de manera inequívoca, es una profecía de Él. Pero no está escrita en el tiempo futuro. No es un profeta profetizando lo que le sucederá a Jesús, es un profeta profetizando la salvación de Israel en el futuro cuando ellos mirarán atrás y dirán esto acerca del Mesías que rechazaron y crucificaron. Es el lamento de Israel.

La profecía más profunda

Cuando miran atrás al Mesías que han rechazado por mucho tiempo. Esta es la profecía más profunda del Antiguo Testamento. La profecía del Antiguo Testamento de mayor alcance, de mayor detalle acerca de la muerte vicaria, substitutiva, sacrificial, expiatoria del Mesías, el Siervo de Jehová quien es Jesús. Es eso, es la mirada primordial del Antiguo Testamento con la cruz, la muerte y la expiación de Cristo; pero, su propósito primordial es decirle a Israel que un día, en el futuro, se volverán de su rechazo y mirarán hacia atrás al Evangelio y al Mesías, y reconocerán que han rechazado su única esperanza, su único Salvador, su Mesías Yeshua y este será su lamento. Esto es lo que ellos dirán en esa generación futura. Sí, en este capítulo leemos que el Mesías, el Siervo de Jehová llevará el pecado de los transgresores que él experimentará el juicio del Señor quién se agradará en abatirlo, en hacerlo una ofrenda por la culpa, en hacerlo llevar los pecados de muchos. Sí, este capítulo dice que al proveer una expiación para satisfacer a Dios, Él morirá, lo cual es necesario para proveer perdón de pecado. Pero Él no permanecerá muerto porque acabamos de leer que Él verá su descendencia, Él verá su linaje, Él prolongará sus días, la buena voluntad del Señor prosperará en sus manos, Él verá la luz literalmente y quedará satisfecho. La resurrección está aquí, y entonces, Él será exaltado, todo está aquí; pero usted tiene que entender que este capítulo, mientras que habla de la cruz, habla de ella en retrospectiva desde el punto de vista del tiempo en el futuro, cuando Israel se arrepiente de su rechazo prolongado de Jesucristo.

Los judíos desde el tiempo del Nuevo Testamento han sido profundamente molestados por este capítulo, profundamente, a tal grado que en muchas sinagogas no es leído en la lectura normal de las Escrituras, se lo saltan. Aquellos que lo leen y lo enfrentan han decidido que el siervo sufriente aquí no es el Mesías, y no es Jesús sino Israel. Israel es el justo que sufre, Israel es el justo que sufre aquí, quien debido a sufrir justamente un día será recompensado por ese sufrimiento justo al ser bendecido y al convertirse en una bendición del mundo.

Así es como los rabinos lo ven y lo hacen porque no quieren que sea Jesús y tienen que encontrar una explicación del por qué los judíos han sufrido de manera tan brutal por tanto tiempo. Y para asegurarse de que no han sufrido en vano, ven este capítulo como un tributo al sufrimiento justo de Israel, por el cual Dios los recompensará, los glorificará y mediante el cual, Dios bendecirá al mundo; lo cual, quiere decir que no ven la realidad. ¡Esto no es Israel, no puede ser! No son ni un inocente que está sufriendo como el que se describe aquí, ni un voluntario que sufre. Necesitan reconocer que necesitan que uno muera para pagar la paga por sus pecados. No quieren reconocer eso, quieren un rey y un gobernante, que los libre de sus enemigos, sus circunstancias y sus sufrimientos, pero no de sus pecados. Ellos no son el justo que sufre aquí, que será recompensado por Dios. Eso es parte de un sistema de obras de justicia personal. Lo que necesitan entender es que han atravesado todos estos siglos sufriendo por su injusticia. Han sufrido el juicio de Dios en contra de ellos por el rechazo de Cristo y todavía están sufriendo en la actualidad y continuarán sufriendo el juicio de Dios por el rechazo de Cristo hasta ese día en el futuro cuando ellos, como una nación, se vuelvan a Él.

A lo largo de ese periodo de tiempo, cualquier judío puede venir a la fe en Cristo, y muchos han venido, y muchos de ustedes que son judíos han venido a la fe en Cristo; pero, a nivel nacional, continúan bajo juicio divino esperando la salvación que vendrá seguida por la bendición del cumplimiento de todas las promesas que Dios le dio a Abraham y David y los profetas y a la gloria del Reino. Esta no es una revelación que honra a Israel por sufrir, que lleva la bendición; este es el arrepentimiento de Israel, este es el lamento de Israel con un corazón quebrantado. Esta es la confesión de Israel por parte de una generación que está aún porvenir.

En un sentido personal, toda persona judía que viene a Cristo puede orar este mismo lamento; en un sentido nacional todavía está por venir en el futuro y vendrá. Como dije, las Escrituras únicamente prometen la salvación de una nación. Individuos de toda nación, lengua, tribu, pueblo, pero únicamente la salvación de una nación y esa es Israel, y en el futuro se arrepentirán y se volverán a Cristo. Entonces, mientras que en un sentido esto mira hacia delante, al acontecimiento de la muerte y resurrección, inclusive exaltación de Cristo, y nos da detalles acerca de esas realidades maravillosas, en el sentido más puro, es una mirada más allá de la cruz, a la conversión de

Israel y lo que ellos dirán cuando miren hacia atrás. Hay gente, gente astuta, estudiantes de las Escrituras, teólogos, predicadores, escritores que no creen en la salvación futura de Israel, no creen que el Reino estará en la tierra, no son premilenaristas, y mi juicio es que ellos no pueden interpretar este capítulo porque esta es la oración de confesión de Israel como nación en el tiempo de su conversión futura.

Breve panorama general

Ahora, simplemente, para darle de nuevo el panorama general y, no quiero repetir muchos detalles; pero recuerde ahora, Isaías está viviendo en un tiempo previo a la cautividad babilónica cuando los judíos son llevados como cautivos por los babilonios paganos, el Reino será dividido después de Salomón, el Reino del Norte, Israel; el Reino del Sur, Judá; 722, el Reino del Norte había sido llevado cautivo. Ya se habían ido hacía mucho tiempo atrás y ahora Isaías viene y profetiza alrededor de 700 años antes de Cristo —650 años antes de Cristo— y él dice: "También van a ser llevados cautivos, van a ser llevados a la cautividad de la cual regresarán. Israel no regresó al Reino del Norte, pero ustedes irán a la cautividad de Babilonia y regresarán" y sucedió. Sucedió unos ochenta años después de que Isaías murió y la primera deportación cuando los babilonios vinieron fue en el 603, la siguiente en el 597 y la final en el 586.

Jerusalén fue destruida, la gente fue masacrada y los judíos fueron arrastrados por los paganos llevados a la cautividad en donde colgaron sus arpas y lloraron porque ya no tenían su tierra prometida. Pero el Señor les dijo: "Esto va a pasar, pero ese no es el final de la historia, serán restaurados, regresarán; entonces Dios los va a colocar en una cautividad histórica y Él los traerá de regreso. Él los va a liberar, Él los va a salvar". Ese es el énfasis de la primera sección en la segunda mitad, capítulo 40 a 66, la primera sección, trata de esa cautividad histórica.

Sabemos que sucedió, que fueron llevados a la cautividad, setenta años de cautividad, más tarde regresaron y reconstruyeron y se restablecieron en la tierra y todavía están ahí. La profecía se cumplió exactamente como Dios dijo que sería, los babilonios se los llevaron, regresaron y se restablecieron en la tierra. Pero lo que es más importante, después de esa discusión de Isaías, él les dice, en el futuro habrá una liberación más grande, una liberación mucho más grande, no una liberación de Babilonia, sino una liberación del pecado. "Ustedes serán salvados como nación". Ustedes serán salvados del pecado por la obra del Siervo del Señor. Entonces, el Mesías es el tema de esta gran sección de Isaías. Llamamos el capítulo 42, 49, 50 y 53 Los cánticos del siervo, porque esos cuatro capítulos ven al Mesías y lo identifican como el siervo del Señor.

Es mucho más importante que su liberación temporal, su liberación espiritual es mucho más importante. Serán salvos espiritualmente, serán salvos eternamente del pecado, del juicio y del infierno, y después encierra su profecía en los últimos capítulos diciendo: "Entonces tendrán el Reino y así es como será el Reino, el Gran Reino de Cristo". Entonces, este capítulo 53, el cual está a la mitad de la sección, ahí en el corazón como lo señalamos, nos dice que los judíos van a volverse en el futuro y van a arrepentirse y van a volverse a Cristo y van a ser salvos. Esto simplemente es una realidad maravillosa.

El Siervo de Dios

Ahora quiero identificar el tema o el sujeto de este capítulo como el que es llamado en el 52:13, "Mi Siervo". Dios es el que habla, por cierto, en los versículos 13 al 15. Dios está hablando a través de Isaías y después Dios se convierte otra vez en el que habla al final del capítulo 53. Dios lo retoma y se convierte en el que habla, a la mitad está Israel haciendo su confesión. Dios presenta a su Siervo y habla de cómo él será humillado en su muerte y será exaltado de tal manera que los reyes en las naciones del mundo están asombrados de Él. Ese es su sufrimiento y su gloria, y después Dios da la palabra final y de nuevo Él habla acerca del significado de su sufrimiento y su gloria que lo seguirá; pero a la mitad de esta confesión sorprendente de Israel, el Siervo, mi Siervo; necesito simplemente decir algo de eso.

Hace unos meses atrás cuando escribí un libro llamado Esclavo, en algún punto en ese libro señalé que la palabra en el Antiguo Testamento para esclavo es Ebed, en español sería Ebed, es usada 800 veces en el Antiguo Testamento y es la palabra usada para esclavo. Y entonces, Dios mismo, quien es el que habla en el 52:13, identifica al Mesías y lo llama mi esclavo, explicándose un poco más. La idea dominante de Ebed, si se la puedo dar en el hebreo, y la fuente para eso sería el Dr. Walter Kaiser, uno de los mejores eruditos del Antiguo Testamento, quien es un estudiante fenomenal de las Escrituras del Antiguo Testamento.

Walter Káiser dijo esto: "La idea dominante de Ebed no es primordialmente una referencia a subordinación, sino, a propiedad". Eso es lo que significa ser un esclavo, "Mi Siervo". El Mesías es el Esclavo de Dios. ¿Qué significa eso? Que Dios determina todo lo que hace. Él no tiene una voluntad independiente, Él sirve la voluntad de Dios y el placer de Dios. Y por cierto, si usted cree que eso es una palabra de menosprecio, esclavo, escuche esto: En el Antiguo Testamento los profetas son llamados esclavos de Dios, los reyes son llamados esclavos de Dios y simplemente, como ejemplo, Moisés es llamado el esclavo de Dios 17 veces; lo cual quiere decir que personas muy distinguidas tienen ese tipo de relación con Dios, inclusive el

Mesías; quien, a partir de Filipenses 2, recuerde, no consideró el ser igual a Dios como cosa a que aferrarse, sino que se humilló a sí mismo y tomó forma de siervo, la palabra griega *doulos*. Entonces, el Mesías hace la voluntad del Padre y solo la voluntad del Padre.

Este es el testimonio de Jesús. Lea el Evangelio de Juan y cuántas veces lo oye decir: "Solo hago lo que el Padre quiere. Solo hago lo que el Padre me muestra que haga.Solo hago lo que el Padre hace. Solo hago lo que el Padre desea que yo haga, hago lo que agrada al Padre", y finalmente culmina en su vida diciendo: "No se haga mi voluntad sino la tuya". Esas son palabras de un esclavo. El Mesías, entonces, es identificado como el que es esta posesión de Dios, como consecuencia, el pronombre es "Mi Siervo" es el que es mío. Este es el Mesías. Entonces, el Siervo de Jehová es la persona de quien se habla por parte de la generación futura de judíos conforme se lamentan. Ahora, sabemos quién es. Es Jesús, es Jesús.

Si quiere hacer un experimento, encuentre a algún amigo judío que no crea en Jesús y dígale, me gustaría que leyeras algo. No le diga usted qué está leyendo, simplemente lea Isaías 53 y dígale de quién está hablando. Por el testimonio de muchos sabemos que ellos van a decir que eso trata de Jesús. En serio, ¿de dónde crees que eso salió en la Biblia? ¿De Mateo o Marcos? No, de Isaías. Esto, de manera clara, está hablando de Jesucristo, en el Nuevo Testamento hay 30 referencias explícitas, implícitas, únicamente en los Evangelios de este capítulo y en el Nuevo Testamento hay 50 referencias a este capítulo. De manera clara hay una profecía que habla de la muerte, resurrección y exaltación futura del Mesías que no es ningún otro que Yeshua, Jesús.

Los judíos no quieren aceptar eso, pero dan un testimonio en esa generación futura, mire su testimonio en el versículo 1: "¿Quién ha creído nuestro anuncio? ¿Y sobre quién se ha manifestado el brazo de Jehová?". Este gran clamor penitente, esta confesión que emana de un corazón quebrantado, por parte de una generación futura de judíos y cualquier judío como individuo que viene a Cristo en cualquier punto en el tiempo, cualquier judío siendo salvo, incluido en la iglesia, tiene que hacer esta confesión, que hasta ese punto estaban mal acerca de Jesús; pero cuando miren hacia atrás, lo primero que van a decir es: "No lo creímos, no lo entendimos". La revelación con respecto a Jesús ha sido enfrentada con incredulidad. Pero en un día futuro todo eso cambiará. ¿Cuándo va a ser ese día futuro? Bueno, le puedo decir lo que la Biblia dice acerca de eso.

El pueblo escogido de Dios

Zacarías capítulo 12. Zacarías viene 500 años antes de Cristo y quizás alrededor de 150 después de Isaías. Se han ido a la cautividad babilónica, han regresado, han reconstruido, se han restablecido en la tierra. Dios levanta a este profeta llamado Zacarías y él mira ese acontecimiento futuro. Capítulo 12, versículo 1: "Profecía de la palabra de Jehová acerca de Israel". Esta va a ser una profecía acerca del futuro de Israel y esto viene de una buena fuente. "Jehová, que extiende los cielos y funda la tierra, y forma el espíritu del hombre dentro de él, ha dicho". Muy bien, entonces, sabemos que esto no vino de ninguna fuente humana. Esta es la Palabra del Dios que adoro. "He aquí yo pongo a Jerusalén por copa que hará temblar a todos los pueblos de alrededor contra Judá, en el sitio contra Jerusalén".

Y después en el versículo 3: "Y en aquel día yo pondré a Jerusalén por piedra pesada a todos los pueblos; todos los que se la cargaren serán despedazados". Usted toca a Jerusalén y le va a afectar. Usted va a ser herido y va a terminar tambaleándose como un borracho si toca a Jerusalén. ¿De qué está hablando? Al final del versículo 2, un sitio contra Jerusalén con Judá, Judá siendo el campo, Jerusalén siendo la ciudad primordial. ¿Y de dónde viene este sitio al final del versículo 3? "Todas las ciudades de la tierra se juntarán contra ella". ¡Hombre, el mundo entero va a atacar Israel! Se oye eso como algo muy remoto, muy posible. Y cuando comiencen a atacar, Él va a proteger a los suyos. De hecho, versículo 6: "Pondrá a los capitanes de Judá como brasero de fuego entre leña, y como antorcha ardiendo entre gavillas; y consumirán a diestra y a siniestra a todos los pueblos de alrededor; y Jerusalén será otra vez habitada en su lugar, en Jerusalén". Entonces, cuando los enemigos comiencen a venir, van a venir por el campo, en primer lugar, y como vienen por el campo, Dios va a quemarlos camino a Jerusalén y después, versículo 8: "En aquel día Jehová defenderá al morador de Jerusalén" y después en el versículo 9: "Yo procuraré destruir a todas las naciones que vinieren contra Jerusalén".

Naciones quieren apuntar sus armas nucleares contra Israel, quieren apuntar sus misiles contra Jerusalén. El tiempo está por venir cuando el mundo va a congregarse contra Israel. Un movimiento islámico o masivo por toda Europa, rodeando a Israel, al este, al norte, al sur. Es una amenaza que va más allá de la compresión. Si usted está en un avión y vuela del mar Mediterráneo y cruza Israel, usted tiene que dar la vuelta en dos minutos, de lo contrario va a estar en la frontera oriental de Israel, así de pequeño es el país, están bajo sitio por parte del mundo.

El antisionismo está por todos lados, inclusive por toda Europa. La gente no quiere ser antisemita porque no es algo que se acepta a nivel político, eso es antijudío. Están dispuestos hacer antisemitismo en contra del Estado de Israel, el mundo maligno está enfocándose en contra de Israel. Entonces, cuando esto llega a su culminación, ¡quién sabe cómo va a comenzar eso! Quizás Israel, como previsión manda un arma nuclear a Irán; quizás Irán manda un arma nuclear a Israel, ¡quién sabe cómo será el escenario! Pero cuando esas naciones vengan contra Israel, versículo 10 dice que ese es el momento. "Y derramaré sobre la casa de David y sobre los moradores de Jerusalén", esas son expresiones designando a Israel, "espíritu de gracia y de oración".

En esas horas o días, lo que sea, unas cuantas semanas, lo que sea, "derramaré mi espíritu, el espíritu de gracia y de oración y mirarán a mí, a quien traspasaron" y ahí Dios dice que: "Mirarán a mí, a quien traspasaron, y llorarán como se llora por hijo unigénito, afligiéndose por él como se aflige por el primogénito". Versículo 11: "En aquel día habrá gran llanto en Jerusalén", versículo 12: Y la tierra lamentará", familias, esposas, maridos, todos juntos y solos, todos llorando y lamentándose bajo sitio y viendo a Dios defendiéndose inicialmente. Capítulo 13: "En aquel tiempo habrá un manantial abierto para la casa de David y para los habitantes de Jerusalén, para la purificación del pecado y de la inmundicia", una fuente para limpiarlos. Esa es su salvación.

¿Cuándo va a suceder eso? En el último día cuando Israel esté bajo un sitio masivo por parte de las naciones, en esa hora serán indefensos. No tendrán a dónde acudir, su única esperanza estará en Dios y en su gracia soberana, está escrito: vendrá el espíritu de gracia que oye la súplica y Él convertirá sus corazones para que miren hacia atrás en la historia y mirarán hacia atrás al que traspasaron y las palabras de su confesión serán las palabras de Zacarías 12: "llorarán como se llora por hijo unigénito", llorando por ese único hijo de Dios, el Mesías, será la nación entera, será todo judío. Si usted va al versículo 8, capítulo 13, leemos "Y acontecerá en toda la tierra, dice Jehová, que las dos terceras partes serán cortadas en ella, y se perderán".

Cuando las naciones vengan las dos terceras partes morirán, dos terceras partes quedarán en la incredulidad, "más la tercera quedará en ella. Y meteré en el fuego a la tercera parte, y los fundiré como se funde la plata, y los probaré como se prueba el oro. Él invocará mi nombre, y yo le oiré, y diré: Pueblo mío; y él dirá: Jehová es mi Dios". Es Él la salvación de Israel y esa salvación viene porque mirarán hacia atrás al que traspasaron, traspasaron y perforaron sus pies, traspasaron sus manos, traspasaron su costado. Comenzarán a volverse a Dios en desesperación, en medio de los horrores de ese ataque global.

En ese punto, el Espíritu viene sobre ellos y una tercera parte de ellos llegan a estar conscientes de que han traspasado a su Mesías, mirarán hacia atrás, a Cristo, y lo verán a Él en toda su gloria, su muerte, resurrección, se volverá real para ellos y serán salvos. Y una fuente de limpieza será abierta para lavarlos del pecado y de la impureza. Un tercio de ellos serán protegidos en ese gran Armagedón y serán las ovejas que entran al Reino, de lo cual nuestro Señor habló. Él entonces establecerá el Reino, capítulo 14: "He aquí, el día de Jehová viene, y en medio de ti serán repartidos tus despojos. Porque yo reuniré a todas las naciones para combatir contra Jerusalén". Esta es la batalla de Armagedón cuando Él destruye a todos los impíos. Versículo 3: "Después saldrá Jehová y peleará con aquellas naciones, como peleó en el día de la batalla. Y se afirmarán sus pies en el monte de los Olivos", parte el Monte de los Olivos por la mitad y va al este y al oeste y lo parte en medio, mediante un gran valle y establece su Reino. En ese día no hay luz, las luminarias se apagarán. Recuerde el libro del Apocalipsis, el sol se apaga.

El libro de Joel dice lo mismo, la luna se apaga, las estrellas se apagan y Jesús aparece en gloria refulgente en el cielo y eso es escrito por nuestro Señor; Mateo 24:25, también un día único conocido, únicamente por el Señor, ni día ni noche sucederá, el Señor solo sabe cuando. Ningún hombre conocer el día ni la hora, ¿verdad? Versículo 9 de Zacarías 14 lo resume: "Y Jehová será rey sobre toda la tierra. En aquel día Jehová será uno, y uno su nombre". Ese es el reino milenario y Él gobierna de manera suprema.

Ezequiel vio lo mismo, no tenemos tiempo de considerar todos los detalles; pero miremos Ezequiel 38. El profeta Ezequiel en el capítulo 38 recibe una palabra del Señor, y si usted tiene una Biblia de estudio MacArthur, puede leer todas las notas e identificar todos estos lugares. Pero hay una coalición de naciones del Medio Oriente que vienen en contra de Israel. Esta es la misma escena y si estudia un poco el trasfondo, va a descubrir que estos son lugares como Irán, Egipto, Libia, Etiopia, territorios antiguos de Armenia, Turquía oriental, occidental, todas estas naciones se unen. Este es el Medio Oriente uniéndose contra Israel, "vienen como una tormenta", versículo 9, "vienen como nublado para cubrir la tierra". Esto es lo mismo de lo que está hablando Zacarías, un ataque masivo, global, y creen que van contra la tierra de aldeas que no han llorado en el versículo 11 "esta área no protegida" pero el Señor no va a dejar que esto suceda, el Señor va a proteger a su pueblo.

Vayamos al capítulo 39, versículo 4: En aquel día cuando Jehová juzga a estas naciones, dice que van a caer en los montes de Israel, "tú y todas tus tropas, y los pueblos contigo; a aves de rapiña de toda especie, y a las fieras del campo, te he dado por comida". El Señor simplemente va a aplastar estas naciones, versículo 7: "Y haré notorio mi santo nombre en medio de mi pueblo de Israel". Esa es su salvación, una vez más como pueden ver, hará notorio su santo nombre en medio de su pueblo Israel, "y nunca más dejaré profanar mi santo nombre; y sabrán las naciones que yo soy Jehová, el Santo en Israel. He aquí viene y se cumplirá". Esto es lo que va a pasar.

Versículo 21: "Y pondré mi gloria entre las naciones, y todas las naciones verán mi juicio que habré hecho, y mi mano que sobre ellos puse". Y me encanta esto, versículo 22: "Y de aquel día en adelante sabrá la casa de Israel que yo soy Jehová su Dios". Y después, en el versículo 29: "Ni esconderé más de ellos mi rostro", ¡Impresionante! Dios ha estado escondiendo su rostro de ellos, "porque habré derramado de mi espíritu sobre la casa de Israel",

Zacarías 12:10 "Y derramaré sobre la casa de David, y sobre los moradores de Jerusalén, espíritu de gracia y de oración". Entonces, ¿lo entiende? Esto es cuando va a suceder.

Ahora regresemos a Isaías 53. ¿Está eso cerca? Bueno, Israel es el objetivo del Medio Oriente, las naciones del mundo continuamente parecen no desear a Israel. Las naciones que antes eran grandes amigos y defensores de Israel parecen estar retrocediendo de eso, inclusive nuestra propia nación. El mundo está sucumbiendo a la propaganda islámica, el crecimiento musulmán, el antisionismo está creciendo rápidamente.

Israel está perdiendo sus protectores, quizás, inclusive nuestro país. Una guerra como esa en contra de Israel como Zacarías lo ve, y como Ezequiel lo ve, no es una realidad remota.

Con frecuencia pienso en el hecho de cómo puede no ver esto, si el mundo entero estuviera agrupándose contra Argentina, ese sería un problema porque eso no está en la Biblia, pero esto lo está. ¿Ese es algún tipo de coincidencia extraña? Pero cuando ese día venga, esta es su respuesta, Isaías 53, versículo 1, y esta es una introducción perfecta: "¿Quién ha creído nuestro anuncio? ¿Y sobre quién se ha manifestado el brazo de Jehová?" Lo primero que van a decir es, no lo creímos, no creímos, ¿mensaje? ¿Qué quieres decir? ¿Qué mensaje? El mensaje acerca del Mesías Yeshua, el mensaje acerca del Siervo del Señor, el Mesías Jesús, su humillación, su muerte, sepultura, resurrección, ascensión, intercesión, coronación, el mensaje del Evangelio. ¿Qué quieres decir con "nuestro anuncio"?

Muy importante, en hebreo no se refiere a un mensaje que dimos, aunque hubieron judíos que lo predicaron. Los profetas, todos fueron judíos y lo predicaron. Juan el Bautista fue un judío que identificó a Jesús, Jesús es judío, todos los apóstoles son judíos, todos los escritores de los evangelios son judíos, todos los escritores del Nuevo Testamento son judíos; entonces, en un sentido, este es un mensaje dado por personas judías a personas judías. Pero esa no es la intención de la palabra aquí, porque la palabra "nuestro" no se refiere a lo que dimos, sino a lo que se nos fue dado. Es un participio pasivo con referencia al mensaje. Literalmente es esto;

¿quién hay creído el mensaje o el anuncio que fue oído por nosotros? Ese es el significado de este término. El lenguaje se está refiriendo a lo que nosotros oímos y es un reconocimiento de que lo oímos; pero no lo creímos. El mensaje es visto, no desde la perspectiva del que lo da, sino desde la perspectiva de los que lo oyen. El mensaje de Mesías Jesús que oímos con respecto a su sufrimiento y gloria.

Ahora es, virtualmente, todo judío en el mundo, desde el Nuevo Testamento ha oído el mensaje de Jesús para que él lo pueda rechazar, ¿verdad? Los religiosos judíos han estado muy ocupados desacreditando el mensaje de Jesús y hablando del mensaje de manera equivocada, por adelantado, para que pueda ser desacreditado. No habría otro grupo de personas probablemente, ningún otro grupo étnico de personas que han estado tan expuestos al Evangelio como los judíos. Virtualmente, todo judío conoce la historia judía. Ellos conocen el Antiguo Testamento y los profetas, y ellos conocen la historia del Nuevo Testamento con respecto a Jesús. Tienen una perspectiva de Él.

Tiene una perspectiva de quién es Jesús y no es buena, no es amable. Entonces, cuando el remanente futuro mire hacia atrás, van a decir, ¿quién ha creído el mensaje que oímos?

Porque ellos lo oyeron. El Apóstol Pablo entiende el significado de esa confesión porque en Romanos, capítulo 10, él hace referencia a eso. Romanos 10, versículo 11, Pablo escribe: "La Escritura dice: Todo aquel que en Él creyere, no será avergonzado. Porque no hay diferencia entre judío y griego, pues el mismo que es Señor de todos, es rico para todos los que le invocan; porque todo aquel que invocare el nombre del Señor, será a salvo", después él dice, "¿Cómo, pues, invocarán a aquel en el cual no han creído? ¿Y cómo creerán en aquel de quien no han oído? ¿Y cómo oirán sin haber quién les predique? ¿Y cómo predicarán si no fueren enviados?" Entonces, tenemos un problema, la gente no puede creer a menos de que oiga, ellos no pueden oír a menos de que alguien vaya. No van a ir a menos de que sean enviados.

Eso de manera general es cierto, no obstante, en referencia a los judíos, versículo 16: "Mas no todos obedecieron al evangelio; pues Isaías dice: Señor, ¿quién ha creído a nuestro anuncio?" Después él dice: "Así que la fe es por el oír, y el oír, por la palabra de Dios", pero no creyeron. Pablo literalmente dice: Los judíos no creyeron exactamente cómo Isaías dijo. No han creído a lo largo de los siglos, aunque siempre habrá una décima parte, un remanente, y después en el versículo 21 de Romanos 10, él dice, Dios habla en este versículo sus propias palabras: "Todo el día extendí mis manos a un pueblo rebelde y contradictor". Lo saben, no lo creen.

Entonces, la confesión de apertura es esta afirmación sorprendente. Lo oímos, lo hemos oído y lo hemos oído, pero no lo hemos creído. No lo hemos creído. Y para que esto quede claro, para enfatizarlo hay una segunda pregunta. ¿Y sobre quién se ha manifestado el brazo de Jehová? El brazo de Jehová es simplemente un símbolo de poder divino. Literalmente el antebrazo, pero un símbolo de poder divino. Isaías 51:9, Isaías 52:10 habla del brazo del Señor como un símbolo de poder. En un sentido muy real, el Mesías es el brazo del Señor.

En otro sentido, el Evangelio es el brazo del Señor porque el Evangelio, Romanos 1:16, es poder de Dios para salvación. Entonces, es otra manera de decir, Dios descubrió su brazo. Él sacó su brazo de su atuendo y nos mostró su brazo, nos mostró su fortaleza, nos mostró su poder para salvar y no lo entendimos. El Evangelio es el poder de Dios para salvación para todo aquel que crea, al judío primeramente, también al griego. Juan 1:11, "A lo suyo vino, y los suyos no lo recibieron". ¿Por qué no creyeron?

Hay una razón teológica por la que no creyeron, la razón teológica por la que no creyeron nos lleva de regreso a Romanos 10 y la respuesta es porque no necesitaban un sacrificio. No creyeron que Jesús fue el Mesías porque Él estuvo muerto, fue crucificado, no necesitaban un sacrificio. ¿Qué queremos decir con eso? Romanos 10, Pablo dice: "Estaban buscando establecer su propia justicia". Ese es el punto. Ellos no tuvieron algún problema, ellos pudieron establecer su propia justicia sin ninguna justicia ajena a ellos, imputada, otorgándoles por parte de Cristo. No entendieron, dice él, que Cristo es el final de la ley para la justicia para todo aquel que cree, que es por fe. Ellos tuvieron una perspectiva equivocada de la justicia de Dios; tuvieron una perspectiva equivocada de su propio pecado porque buscaron establecer su propia justicia, entonces no se sometieron a sí mismos a la justicia de Dios, y siempre lo digo de esta manera: Pensaron que Dios era menos justo de lo que Él era, que ellos eran más justos de lo que ellos eran, entonces, vinieron a Dios en los términos de ellos. Rechazaron a Jesucristo porque ellos, de nuevo, estaban esperando un rey y un gobernante que los librara de sus enemigos, sus circunstancias y sus sufrimientos, pero no de su pecado. Ellos pensaron que eran buenos por sí mismos.

Esa es la razón por la que cuando Jesús vino, el remanente que fue salvo durante su ministerio era la escoria. De eso lo acusaban. Él está con las prostitutas y los pecadores y los borrachos, la gente que ha sido expulsada de la sinagoga, y la respuesta de Jesús fue: "No he venido a llamar a justos sino a pecadores". Ese el problema. Si tienes una doctrina equivocada del pecado, entonces no entiendes por qué murió un Salvador. Entonces, la razón espiritual, la razón teológica, por la que rechazaron a Cristo, podrás decir, es que eran justos por sí mismos. Tienen una perspectiva equivocada del pecado y por lo tanto una perspectiva equivocada de la justicia y la expiación. Hay otra razón por la que no creen y es debido a la soberanía de Dios. Miren, si van a creer que son buenos por sí mismos, Él va a estirar sus manos todo el día a un pueblo desobediente y obstinado, pero, va a venir un tiempo en el que Él termina con esto.

Juan 12. Esta es una porción poderosa de las Escrituras. Juan capítulo 12 se refiere a Isaías 53. Comencemos en el versículo 32: "Si fuere levantado de la tierra", se refiere a la crucifixión, ellos saben que está hablando de eso, "a todos atraeré a mí mismo", decía esto dando a entender de qué muerte iba a morir. Está diciendo voy a la cruz, voy a ser crucificado, pero "le respondió la gente", versículo 34: "Nosotros hemos oído de la ley, que el Cristo permanece para siempre", ¿cómo que tú eres el Mesías, si vas a morir? No, no, no. El Mesías va a permanecer para siempre, quizás va a ser como Enoc o como Elías. "¿Cómo, pues, dices tú que es necesario que el Hijo del Hombre sea levantado? ¿Quién es este Hijo del Hombre?" "Entonces Jesús les dijo: Aún por un poco está la luz entre vosotros; andad entre tanto que tenéis la luz, para que no os sorprendan las tinieblas; porque el que anda en tinieblas, no sabe a dónde va. Entre tanto que tenéis la luz, creed en la luz, para que seáis hijos de luz". En otras palabras, más vale que crean. Él dice, más vale que crean que sea la verdad, más vale que crean.

Estas cosas habló Jesús y se fue y se ocultó de ellos. Versículo 37: "Pero a pesar de que había hecho tantas señales delante de ellos, no creían en él; para que se cumpliese la palabra del profeta Isaías, que dijo: Señor, ¿quién ha creído en nuestro anuncio? ¿Y a quién se ha revelado el brazo del Señor?" Después de esto: "Por esto no podían creer, porque también dijo Isaías:" (Y esto está en Isaías 6:10) "Cegó los ojos de ellos, y endureció su corazón; para que no vean con los ojos, y entiendan con el corazón, y se conviertan, y yo los sane. Isaías dijo esto cuando vio su gloria, y habló acerca de él". El versículo 42 es un impresionante comentario: "Con todo eso, aun de los gobernantes, muchos creyeron en él; pero a causa de los fariseos no lo confesaban, para no ser expulsado de la sinagoga. Porque amaban más la gloria de los hombres que la gloria de Dios". Entonces, estaban condenados por querer la aprobación humana. ¿Por qué no creyeron? Desde el punto de vista espiritual, desde el punto de vista teológico, pensaban que podían establecer su propia justicia. Desde un punto de vista soberano, Dios terminó con su oportunidad soberanamente.

Hay otra perspectiva de su incredulidad y es la perspectiva, Isaías 53. Y comenzando en el versículo 2 y hasta el versículo 13, ellos explicaron por qué no creyeron en Jesús. Ellos explican por qué. Explican por qué no creyeron. Vieron su vida y no les impresionó el comienzo de su vida. No les impresionó la mitad de su vida y no les impresionó el final de su vida. Y la acumulación de toda esa realidad no impresionante en sus mentes fue la razón histórica por la que ellos no creyeron.

Oración

Señor, conforme llevamos este tiempo maravilloso de adoración a su término, lo hacemos con gratitud profunda por la oportunidad que hemos tenido de ver las glorias de nuestro Salvador, las realidades de las Escrituras Sagradas, inclusive, más allá de eso, el panorama vasto y amplio de la historia que culminará y terminará como has determinado que sea. Padre, oro porque la gloria de Cristo haya estado brillando en esta hora, tanto mediante la música como mediante la palabra para que cualquier que esté aquí que no se ha entregado a Jesucristo como Señor y Salvador lo haga inclusive ahora.

Oro porque tu Espíritu Santo venga, el Espíritu de gracia como un día en el futuro, tú traerás esa gracia salvadora, iluminación y regeneración a Israel como nación, que hagas eso para pecadores como individuos judíos, gentil en esta mañana. Abre sus corazones para someterse a la verdad. Refréscanos en la veracidad de las Escrituras, el poder de las Escrituras, la precisión inerrante de las Escrituras en la gloria de Cristo, las realidades del Evangelio. Aliéntanos a ser testigos fieles, dando testimonio de estas verdades a judío y a gentil por igual, sabiendo que todo aquel que invocara el nombre del Señor será salvo, que no hay judío ni griego, sino que todos son bienvenidos para venir a Cristo, que seamos nosotros la fuente de ese mensaje, que nuestros pies sean esos pies hermosos que vienen con las buenas noticias de la palabra de Cristo mediante la cual la fe salvadora puede ser activada por tu Espíritu Santo. Ayúdanos en estos momentos en silencio, ahora a meditar en cómo estas verdades pueden cautivar nuestros corazones de una manera nueva y motivar nuestro amor hacia Cristo y amor hacia ti y nuestra confianza en un mundo que está confuso, en donde podemos estar en paz completamente, porque nos has dicho que Tú estás a cargo y nos has dado, inclusive, los detalles que buscar. Refréscanos también en la comunión unos con otros y haznos estar disponibles, inclusive en los días venideros, para traer el Evangelio glorioso de Cristo a alguien que lo necesita escuchar. Ahora, sella estas cosas en nuestros corazones. Oramos, Amén.

REFLEXIONES PERSONALES

04_El siervo menospreciado de Jehová. Parte 2

¿Quién ha creído a nuestro anuncio? ¿Y sobre quién se ha manifestado el brazo de Jehová?

Subirá cual renuevo delante de él, y como raíz de tierra seca; no hay parecer en él, ni hermosura; le veremos, mas sin atractivo para que le deseemos.

Despreciado y desechado entre los hombres, varón de dolores, experimentado en quebranto; y como que escondimos de él el rostro, fue menospreciado, y no lo estimamos.

Isaías 53:1-3

BOSQUEJO

— Introducción

— ¿Cuál es el tema de este capítulo?

— ¿Acaso la persona que es descrita aquí merecía este tipo de sufrimiento incansable?

— ¿Acaso Dios trató de proteger al Justo que sufrió?

— ¿Es coherente con la naturaleza justa de Dios, dejar que este Hombre sufra?

— ¿Por qué un Hombre que es justo sufriría por los pecados de los injustos?

— ¿Cuál es el resultado de esto?

— ¿Por qué rechazaron a Jesucristo?

— Primera razón: Menospreciaron su origen

— Segunda razón: Menospreciaron su vida

— Tercera razón: Menospreciaron su fin

Notas personales al bosquejo

SERMÓN

Introducción

Estamos estudiando el capítulo 53 de Isaías. Algunos consideran que este es el capítulo más grandioso en el Antiguo Testamento. No hay duda acerca del hecho de que es la profecía más detallada acerca del Mesías que el Antiguo Testamento contiene. Es un poderoso capítulo que tiene que ser considerado frase por frase, si no es que palabra por palabra, debido a su gran impacto y verdad profunda.

Y hoy vamos a cubrir los versículos 1 al 3 y en el proceso de estudiar este capítulo. Quiero que estén tan familiarizados con él, que se convierta en parte de su vida. Esto a su vez causará que adoren al Señor de maneras que serán frescas, nuevas y ricas, y que serán una bendición para sus vidas. Pero también podrán comunicar las glorias de nuestro Salvador, que este capítulo presenta, a cualquier persona que pregunte.

Quiero comenzar con una serie de preguntas y darles un panorama de este capítulo. Lo abordaremos a manera de introducción mediante una serie de preguntas que nos ayudará a entender el panorama general.

¿Cuál es el tema de este capítulo?

El tema es sufrimiento horrendo, terrible, traumático, agonizante, doloroso y mortal. Versículo 3, "varón de dolores, experimentado en quebranto". Versículo 4, "llevó Él nuestras enfermedades, y sufrió nuestros dolores; y nosotros le tuvimos por azotado, por herido de Dios y abatido". Versículo 5, fue herido, molido, castigado, llagado. Versículo 6, "Jehová cargó en Él el pecado de todos nosotros". Versículo 7, "Angustiado Él, y afligido... como cordero fue llevado al matadero". Versículo 8, enfrentó cárcel y juicio, "fue cortado de la tierra de los vivientes". Todo esto indica que ésta es una experiencia de sufrimiento terrible. El versículo 10 repite que fue quebrantado, sujeto a padecimiento. El versículo 11 habla de la angustia de Su sufrimiento. ¿Quién puede soportar un sufrimiento tan inmenso? Se podría decir que alguien en algún lugar merece sufrir así. Pero eso lleva a una segunda pregunta.

¿Acaso la persona que es descrita aquí merecía este tipo de sufrimiento incansable?

No. El final del versículo 9 dice "nunca hizo maldad, ni hubo engaño en Su boca". Y lo que está en la boca es lo que está en el corazón, "porque de la abundancia del corazón habla la boca" (Mateo 12:24; Lucas 6:45). Entonces no había maldad ni engaño en Su boca porque no había nada de esto en Su corazón. De hecho, éste que sufre es identificado en el versículo 11 como el justo. Esta es una profecía de Alguien que sufrió de manera horrenda y terrible. ¿Fue merecido el sufrimiento? No. Eso lleva a una tercera pregunta.

¿Acaso Dios trató de proteger al Justo que sufrió?

La respuesta es no. El versículo 10 dice, "Jehová quiso quebrantarlo, sujetándole a padecimiento". Es una historia asombrosa, sufrimiento sin paralelo, sufrimiento inmerecido de un Justo que sufrió desprotegido por un Dios justo. Esto nos lleva a la cuarta pregunta.

¿Es coherente con la naturaleza justa de Dios, dejar que este Hombre sufra?

La respuesta es sí. Debido a lo que leímos comenzando en el versículo 5, "Él herido fue por nuestras rebeliones, molido por nuestros pecados; el castigo de nuestra paz fue sobre Él, y por su llaga fuimos nosotros curados". Versículo 6: "Jehová cargó en Él el pecado de todos nosotros". Al final del versículo 8, "Porque fue cortado de la tierra de los vivientes, y por la rebelión de mi pueblo fue herido". Ellos merecían el castigo. Versículo 11, "llevará las iniquidades de ellos". Versículo 12, "habiendo Él llevado el pecado de muchos". Él es Alguien que sufrió de manera vicaria. Él es Alguien que sufrió de manera sustitutiva. Él está sufriendo, no por Sus propios pecados, sino por los pecados de otros. Lo cual lleva a otra pregunta.

¿Por qué un Hombre que es justo, sufriría de una manera tan horrible, sería desprotegido por Dios, y sufriría de manera vicaria por los pecados que Él no cometió, sino por los pecados de otros?

La respuesta es porque estaba dispuesto, porque deseó hacer eso. Sí, versículo 10, "Cuando haya puesto su vida en expiación por el pecado". Sí, versículo 12, "derramó su vida hasta la muerte". Qué asombrosa persona que sufrió tanto, que sufrió inmerecidamente, que sufrió sin la protección de un Dios justo aunque era justa, que sufrió de manera vicaria y dispuesta. ¿Por qué? Esa es la siguiente pregunta.

¿Cuál es el resultado de esto?

Primero, en el versículo 11, por hacer esto, "justificará mi siervo justo a muchos". Esto es, mediante Su sufrimiento Él hará a muchos justos y será exaltado. Como resultado de la aflicción de su alma, versículo 11, "verá la luz" (NVI). Eso es lo que significa ese versículo. Él verá luz, Él verá vida, Él quedará satisfecho. Y versículo 12, Él tendrá "parte con los grandes, y con los fuertes repartirá despojos".En otras palabras, Él será recompensado, Él será exaltado. ¿Cómo será exaltado? Bueno recordemos lo que dice Isaías 52:13, "será prosperado, será engrandecido y exaltado, y será puesto muy en alto". Versículo 15, "así asombrará Él a muchas naciones; los reyes cerrarán ante Él la boca, porque verán lo que nunca les fue contado, y entenderán lo que jamás habían oído".¿Quién es Éste? Bueno, no puede ser alguien más que ¿quién? El Señor Jesucristo. ¿Acaso el mundo no puede ver eso? Esto fue escrito aproximadamente 700 años antes de que Jesús naciera. Lo cual es suficiente evidencia de que Dios es el autor de las Escrituras porque solo Dios conoce el futuro a detalle. ¿Cómo puede el mundo no ver esto? Éste tiene que ser Jesucristo. Todos estos detalles fueron cumplidos en Él. Pero de nuevo, el mundo no tiene la Biblia, no lee la Biblia, no conoce la Biblia. Entonces cuando vamos a los gentiles, las naciones del mundo, no necesariamente esperaríamos que creyeran en Jesucristo. No conocen Isaías 53, el Antiguo Testamento, la verdad del Nuevo Testamento, la escritura del registro de Jesús.

Pero ¿qué hay, entonces, acerca de los judíos? Ellos conocen la historia de Cristo, si no es por otra razón más que asegurarse de que todo el mundo sepa que ellos lo rechazan. Parte de ser judío en el mundo es asegurarte de ser claro en que Jesús no es el Mesías, Jesús no fue el Salvador. ¿Por qué los judíos no creen esto? ¿Cómo es que los judíos no toman Isaías 53 y lo colocan junto a los evangelios, Mateo, Marcos, Lucas y Juan, y dicen "Éste solo puede ser Jesús"?

Uno de ellos, alguien que ama al Señor Jesús, llamado Mitch Glaser, tiene un ministerio llamado el Ministerio del pueblo escogido y ha escrito un artículo muy interesante en un libro recientemente publicado, titulado *El Evangelio Según Isaías 53*. Debemos reconocer que solo un 10 % de los 14 millones de judíos en el mundo son ortodoxos. Esto significa que escudriñan las Escrituras, que saben algo acerca de las Escrituras. El otro 90 % es indiferente en un grado u otro, a las Escrituras y a la interpretación cuidadosa de las mismas. Entonces lo que Mitch Glaser dice es que la mayoría de ellos no sabe nada acerca del Antiguo Testamento ni de Isaías 53.

Además, él dice que "la mayoría de ellos no cree en la profecía bíblica. No cree en el pecado. No cree en la depravación lo cual significa una pecaminosidad irreversible que es inherente al ser humano. No cree en la expiación. No cree en el sacrificio. No cree en el derramamiento de sangre para el perdón. No cree en la encarnación. No cree en el rechazo. No cree en el Nuevo Testamento. Y entonces, no cree en Jesús". Entonces cuando usted habla con el pueblo judío acerca del Señor Jesucristo, no puede asumir que ellos están familiarizados con Isaías 53. Los componentes asombrosos de este capítulo no tienen lugar en su manera de pensar. Entonces, el capítulo comienza diciendo, "¿Quién ha creído a nuestro anuncio?" Ellos admitirían que no lo han creído.

Es algo asombroso. El mundo está lleno de gente que no lo cree. La mayoría de las naciones no lo creen. No creen el mensaje acerca de Jesucristo. Fuera de los verdaderos cristianos, las religiones del mundo no creen el mensaje acerca de Cristo. Y qué mensaje es éste. Para los judíos que lo conocen, Pablo dijo en Romanos 10, está en tu boca, está cerca de ti. Conoces el relato. Conoces las declaraciones de Cristo pero no las crees.

Imagínense, no creen en este mensaje, las buenas nuevas del cielo de que el amor de Dios lo ha motivado a rescatar a pecadores del infierno mediante la muerte de Su Hijo. No creen el mensaje de las buenas nuevas de que un Dios invisible ha enviado a un Salvador invisible a esta generación invisible para proveer bendiciones invisibles en un cielo invisible para ser recibida por una fe invisible. No creen las buenas nuevas de salvación y perdón para pecadores del pecado e ira y juicio. No creen las buenas nuevas de un Salvador crucificado como medio de esa salvación. No creen las buenas nuevas de que hay justicia divina disponible, mediante la cual pecadores culpables pueden estar sin temor y santos delante de Dios, envueltos en Su propia justicia. No creen las buenas nuevas de un perdón otorgado por el cielo al pecador sentenciado y encarcelado, que puede recibir ese perdón por fe en Cristo. No creen las buenas nuevas de que hay un médico que cura a todos los que vienen a Él, infalible y eternamente de todas las enfermedades del alma, y lo hace de manera libre y no rechaza a ningún paciente. No creen las buenas nuevas de que hay un festín ilimitado preparado para almas hambrientas, al cual a todos se les invita, teniendo a Cristo mismo como anfitrión y comida. No creen las buenas nuevas de un tesoro sin precio que no puede ser comprado, ya comprado y después ofrecido como un regalo, compuesto de bendiciones inagotables y gozos que nunca se acaban, tanto ahora como siempre para el que recibe el regalo. No creen las buenas nuevas de una victoria ganada por Jesucristo sobre Satanás, la muerte y el mundo, un triunfo al cual todos los que creen en Él pueden entrar y participar. No creen las buenas nuevas de paz eterna con Dios comprada por la sangre de Cristo para pecadores indignos y ofensores.

¿Qué mensaje es este como para no creer? Pero no lo creen. Y aquí en Isaías 53 tenemos una confesión de los judíos. Las palabras de Isaías 53 hasta el último versículo, son las palabras de una generación futura de judíos, la nación de Israel, que hará esta confesión y dirán, "No lo creímos". ¿Quién lo ha creído? Muy pocos.

Cualquiera que lo crea, judío o gentil, en cualquier punto será salvado. Pero no lo creímos. Ellos confesarán eso. Recuerden que estamos hablando del hecho de que este capítulo está en tiempo pasado. Todos los verbos están en tiempo pasado. La mayoría de la gente cree que está prediciendo lo que le va a suceder a Jesús. Sí hace eso porque describe a detalle Su sufrimiento y Su muerte y Su resurrección y Su exaltación. Pero todo está en verbos en tiempo pasado, lo cual significa que brinca por encima de lo que le sucede a Jesús y lo ve hacia atrás desde el final de la historia humana, cuando Israel finalmente vea al que traspasaron, llore por Él como un único Hijo, reconozca que han rechazado a su Mesías, y una fuente de limpieza esté abierta para ellos y la salvación venga a la nación de Israel. Mientras tanto, hasta ese arrepentimiento nacional, cualquiera puede venir a Cristo y ser salvo, pero la nación se arrepentirá en el futuro y será salva. Y cuando en ese entonces lleguen a esa consciencia, Zacarías dice, cuando las naciones del mundo estén congregadas para destruir a Israel, cuando estén rodeados y listos para ser eliminados, en ese punto el Señor vendrá para ser su defensor y serán salvos.

En Isaías 59 tenemos un retrato de eso conforme los judíos estén diciendo, "Estamos en problemas, nuestras transgresiones se están acumulando, no hay justicia en la tierra. ¿A dónde vamos? ¿Qué hacemos?" Este es un retrato de Israel en el futuro. En la actualidad Israel dice, "¿Cómo nos defendemos? El mundo nos persigue. Dios no viene a ayudarnos". Y después en Isaías 59:16 dice, "Y vio que no había hombre" para ayudarlos. No hay líder humano que pueda rescatar a Israel de su castigo por rechazar a Cristo. Esto está sucediendo inclusive ahora. El mundo está amenazando su existencia con poder nuclear. Dice en Isaías 59 que Dios vio y no había hombre. Y después el lenguaje más hermoso, Dios responde al hecho de que no había alguien para salvar a Israel.

Escuchen el 59:16, "Y vio que no había hombre, y Se maravilló que no hubiera quien se interpusiese; y lo salvó Su brazo". ¿Quién es su brazo? El Mesías, el brazo del Señor quien es revelado. Entonces es Su propio brazo. Y esto es dramático. Vemos al Mesías, el Señor Jesús, quien "de justicia se vistió como de una coraza, con yelmo de salvación en su cabeza; tomó ropas de venganza por vestidura, y se cubrió de celo como de manto, como para vindicación, como para retribuir con ira a sus enemigos, y dar el pago a sus adversarios; el pago dará a los de la costa. Y temerán desde el occidente el nombre de Jehová, y desde el nacimiento del sol su gloria; porque vendrá el enemigo como río" (versículos 17–19).

Entonces tenemos a Cristo que viene a salvar a Israel de la destrucción en el momento en el que viene a defenderlos de los enemigos que están congregados alrededor de ellos. Lo que sucederá es que castigará a los impíos y versículo 20, "vendrá el Redentor a Sion, y a los que se volvieren de la iniquidad en Jacob". Esa es la hora de su salvación. Él será ese Redentor. Esto sucederá porque Dios lo prometió en el versículo 21, "Y éste será mi pacto con ellos... El Espíritu mío que está sobre ti, y mis palabras que puse en tu boca, no faltarán de tu boca, ni de la boca de tus hijos, ni de la boca de los hijos de tus hijos, dijo Jehová, desde ahora y para siempre". Esa es la salvación de la nación de Israel, salvación del Nuevo Pacto. Mirarán a aquel a quien traspasaron. Llorarán. Serán salvos. Y el Señor Mismo será el guerrero que los defienda en esa hora cuando envíe al Mesías para defenderlos, como también para traer su salvación.

Cuando ese tiempo venga, en el futuro, entonces mirarán atrás y dirán, "No creímos. El brazo del Señor, inclusive el Mesías Mismo, el poder de Dios vino revelado en Él y no lo creímos. No lo creímos". Harán esa confesión abierta de los horrores de generaciones de incredulidad. Y surge otra pregunta.

¿Por qué rechazaron a Jesucristo?

Tomemos esta pregunta como nuestro punto de entrada al texto de Isaías 53. Ellos nos dirán por qué. Le dirán a Dios por qué. Y la confesión que harán en el futuro y que cualquier persona que viene a Cristo ahora debe hacer, está en los versículos 2 y 3. "Subirá cual renuevo delante de Él, y como raíz de tierra seca; no hay parecer en Él, ni hermosura; Le veremos, mas sin atractivo para que Le deseemos. Despreciado y desechado entre los hombres, varón de dolores, experimentado en quebranto; y como que escondimos de Él el rostro, fue menospreciado, y no lo estimamos". Esa es la razón por la que los judíos han rechazado a Jesucristo por varias generaciones. Esa es la confesión que hará esa generación futura que se vuelva a Él. Y recuerde que Dios limpiará a la nación de los rebeldes, dice Zacarías, y un tercio de los judíos en el mundo en este punto, eso quizás sean cuatro o cinco millones de ellos, confesará a Jesús como Señor y dirán, "Ésta es la razón por la que lo rechazamos por varias generaciones". Tres razones son dadas aquí por las que rechazaron a Jesucristo y todas tienen que ver con el menosprecio hacia Él.

Primera razón: Menospreciaron su origen

"Subirá cual renuevo delante de Él, y como raíz de tierra seca" (Isaías 53:2). Él creció "delante de Él", lo cual significa delante de Dios, Él estuvo ante los ojos de Dios, quien estuvo totalmente complacido con Él, "Éste es mi hijo amado en quien tengo complacencia" (Mateo 3:17; 17:5). Dios vio cada momento de Su vida, Dios lo vio conforme creció "en sabiduría y en estatura, y en gracia para con Dios y los hombres", como lo presenta Lucas 2:52. Dios estaba muy atento, observando el crecimiento de Su Hijo encarnado. Así que Él creció delante de Dios, y delante de Dios significa en el placer de Dios, de la manera en la que Dios quiso, de acuerdo con el plan de

Dios. Pero desde nuestro punto de vista Él era como una raíz, Él era como una raíz de tierra seca.

Quiero decirles que ésta es una sociedad agrícola, estas personas trabajan en la tierra, cultivan cosas, tienen árboles y huertas y plantan en la tierra y por ello las ilustraciones vienen de esa esfera. Decir que Él es como un renuevo es decir simplemente que Él es un vástago, es la palabra hebrea *yoneq* y significa un vástago. Los vástagos se aparecen sin cultivo, sin expectativa y lo que haces con un vástago es cortarlo, para que no quite la vida y el fruto de las otras ramas. Es superfluo, pequeño, innecesario, irrelevante, insignificante. Los vástagos se aparecen, no salen por diseño, no son cuidados, no son esperados, no son necesitados y son cortados.

A algunos comentaristas les gusta pensar que este árbol del que sale el vástago es una referencia metafórica, o una referencia alegórica a algo como la casa de David o lo que sea. Realmente eso es estirar el texto de manera innecesaria. Este es lenguaje muy simple. Esto simplemente es una manera de decir que Su principio fue irrelevante, no fue importante, fue insignificante, no importó, Él fue un nadie de los nadies, de ningún lugar.

Vimos a Jesús y ¿qué vimos? Una familia insignificante, José, María, una ciudad insignificante, Nazaret, lejos del camino principal. Nacido en un lugar insignificante, en una posada, en un establo y colocado en un comedero para animales, y hubo pastores ayudando en su nacimiento quienes eran las personas de más bajo rango en la escala social. No hubo nada de nacimiento real, ni estatus social, ni nobleza familiar, ni educación formal. Fue un carpintero en Nazaret durante treinta años. Sin contactos con alguien de interés para la élite, para con los importantes.

Él es un vástago, Él es irrelevante. O es como una "raíz de tierra seca". Conforme el sol viene a esa parte del mundo, en el Oriente Medio, el suelo se seca y conforme el suelo se encoje debido a que el agua se evapora, algunas de las raíces comienzan a salir a la superficie, raíces sucias, de color café, en el suelo seco, descuidadas. Esas serían las raíces de un árbol que nadie cuida porque si lo cuidaran, estarían regándolo. De nuevo, es otra manera de decir que Él es innecesario, indeseable, no impresionante, sin valor, sin mayor importancia que un vástago o una raíz en un lugar seco que nadie cultiva, que nadie cuida y que nadie riega. Un principio miserable. Inclusive ellos dijeron cosas tales como, "¿De Nazaret puede salir algo de bueno?" (Juan 1:46).

Él no ganó nada de Su origen familiar. Él no ganó nada de Su estatus social. Él no ganó nada de la economía de Su familia. Él no ganó nada de Sus seguidores. Ellos no eran brillantes, no estaban preparados, no eran poderosos, no eran influyentes, no eran importantes. No hubo un rabino, fariseo, saduceo, sacerdote, escriba. Nadie importaba. Primordialmente eran un montón de pescadores anónimos, incluyendo a otros cuantos raros como un recaudador de impuestos y un terrorista. No tenían posición. No tenían dinero. Y en cierta manera se unieron al principio teniendo la idea remota de que quizás podían sacarse la lotería del reino, si se mantenían cerca. Podría haber una gran recompensa.

Ninguno de ellos tenía algún logro de cualquier tipo. Y los judíos vieron eso y dijeron, "Esperen un momento, éste no puede ser el Mesías porque el Mesías no va a entrar así". Esto no encaja con el perfil que se desarrolló tanto a lo largo de siglos entre los judíos de una llegada gloriosa del Mesías. En Marcos 6, Él estaba en Nazaret, Su propia ciudad, en donde todos lo conocían. Vino el día de reposo, Él comenzó a enseñar en la sinagoga, y la gente estaba asombrada de lo que dijo. "¿De dónde tiene Éste estas cosas?" Este "don nadie", este vástago, esta raíz de tierra seca "¿De dónde tiene Éste estas cosas? ¿Y qué sabiduría es esta que Le es dada, y estos milagros que por Sus manos son hechos?" (versículo 2).

Ellos reconocieron Su sabiduría, ellos reconocieron las cosas que enseñó, ellos reconocieron los milagros que hizo. Y después dijeron, "¿No es Éste el carpintero, hijo de María, hermano de Jacobo, de José, de Judas y de Simón? ¿No están también aquí con nosotros Sus hermanas? Y se escandalizaban de Él" (versículo 3). Estaban ofendidos ante cualquier declaración que Él llegó a hacer de ser su Mesías, a pesar del poder milagroso que Él mostró. Entonces, menospreciaron Su origen.

Segunda razón: Menospreciaron su vida

Menospreciaron lo que Él se volvió. Él tuvo una vida adulta menospreciable. Regresen al versículo 2 una vez más, "no hay parecer en él, ni hermosura; le veremos, mas sin atractivo para que le deseemos". Les importaba mucho la apariencia, por eso escogieron a Saúl como su primer rey, ¿verdad? Él fue más guapo y alto que todos los demás. Todavía parece ser una fórmula para el éxito.

Pero con Jesús… esperen un momento, quizás Él no es lo suficientemente alto, lo suficientemente guapo, lo suficientemente majestuoso. De nuevo, no ha habido mucho progreso desde 1 de Samuel 9 cuando estaban escogiendo a Saúl. No hay nada de realeza en Jesús, nada exaltado acerca de Jesús. De hecho, la idea de que era rey era tan absurda y tan desagradable, y les molestó tan profundamente, que cuando Pilato llegó al final de la proverbial serie de acontecimientos, después de haber sido chantajeado y amenazado por los judíos en este asunto con Jesús, lo amenazaron diciéndole que si no Lo crucificaba, le iban a decir a César y él no sobreviviría otro reporte al emperador. Él sabía eso.

Ellos lo chantajearon y él se vengó, se lo devolvió a esos judíos, colocando en la parte de arriba de la cruz, "Este es Jesús de Nazaret, Rey de los judíos". Esa fue la venganza de Pilato porque él sabía que esa era la declaración más censurable que Jesús hizo, aunque Él mostró poder divino y sabiduría divina y verdad divina y gracia divina y santidad. Pero ellos no vieron nada de la hermosura de la realeza en Él, nada atractivo acerca de Él.

Tercera razón: Menospreciaron su fin

Ellos se habían burlado desde el principio, de Su origen. Se habían burlado en medio, de Su vida. Y en tercer lugar, ellos menospreciaron Su fin. Para esto vayan al versículo 3, "Despreciado y desechado entre los hombres, varón de dolores, experimentado en quebranto; y como que escondimos de Él el rostro, fue menospreciado, y no Lo estimamos".En las primeras dos líneas se ve Su fin. Ellos no solo menospreciaron Su comienzo y Su vida, sino también en especial Su muerte. Recuerde que ellos no pensaban que necesitaban que alguien muriera por sus pecados. Estaban inmersos en justicia propia. Iban a agradar a Dios al ser buenos y religiosos y hacer obras. Y aquí viene este Mesías, éste que dice ser el Mesías y el Rey, y en lugar de ser triunfal, en lugar de que Su carrera terminara en gloria y majestad y triunfo y victoria y elevación y exaltación, Él es despreciado, desechado entre los hombres, todo termina en dolor y quebranto.

Ellos podrían haber visto la muerte de Jesús con todos sus horrores y haber dicho, "Saben, éste es el sacrificio que hemos estado esperando. Éste es el sacrificio que es representado cuando Abraham encuentra un carnero en el zarzal para sustituirlo por su hijo, y quita el cuchillo para no matar a Isaac y en lugar de él mata al carnero. Éste es cumplimiento de la matanza del Cordero Pascual y de colocar la sangre en los postes y el dintel, y escapar de la ira de Dios porque un Cordero ha sido sacrificado". Éste es el sacrificio final, el único sacrificio salvador verdadero representado en los millones de sacrificios que realizaron día tras día tras día conforme los animales eran matados a lo largo de su historia. Ellos podrían haber hecho eso, pero no se vieron a sí mismos tan pecaminosos, y no necesitaron un sacrificio, y no necesitaron una expiación, y no necesitaron un Salvador. Entonces cuando vieron a su Mesías autoproclamado siendo un varón de dolores y experimentado en quebranto, con Su vida terminando de la manera en la que terminó, fue menospreciable.

Ellos lo rechazaron y así lo rechazan ahora porque lo rechazaron entonces. Él fue "despreciado", un término fuerte, significa tratar con desprecio. Lo trataron con desprecio, y todavía lo hacen. La palabra hebrea para Jesús es *Yeshua*. A lo largo de los años los rabinos han cambiado ese nombre al quitar la última "a" y lo llaman *Yeshu*. *Yeshu* es un acróstico que significa, "Que Su Nombre Sea Borrado". Entonces en los escritos rabínicos ustedes ven Yeshu, que Él sea borrado, lo cual es la manera contemporánea de decir,

"No dejaremos que este hombre reine sobre nosotros", lo cual es lo que dijeron cuando gritaron por Su crucifixión.

Él es llamado por los rabinos "El Transgresor"" Él es llamado por los rabinos el *Tolui*, el colgado. "Maldito todo el que es colgado en un madero" (Gálatas 3:13). Quizás una de las cosas más molestas es la identificación de Jesús con las blasfemias Ben Stada y Ben Pandera. Esto significa lo siguiente. La historia real de Jesús, dicen los rabinos, es la historia de Yeshu. Según ellos, es la historia de un hombre llamado Ben Pandera y una mujer llamada Miriam Ben Stada. Supuestamente Ben Pandera es Su padre y Ben Stada, Su madre.

Su madre, alguna mujer llamada Miriam Ben Stada era una peluquera que tuvo una relación adúltera con José Ben Pandera, un mercenario romano, y produjeron a Yeshu. Entonces Él es el hijo ilegítimo de una estilista y un mercenario romano quien entonces, dicen los rabinos, fue a Egipto a aprender las artes mágicas y desviar a los hombres. Todo eso está en el Talmud. Los rabinos llamaron Sus buenas nuevas *avon-gillajon* en lugar de evangelio, como el evangelista escribiendo la verdadera historia, lo cual significa la escritura pecaminosa. Durante generaciones se han burlado de Jesús en un grado u otro, claro. Así que fue despreciado. Lo dice al principio del versículo 3, lo dice al final del versículo 3: Él fue despreciado o menospreciado. Eso continúa.

Y después dice que Él fue "desechado entre los hombres". Quiero que observen eso. Eso quizás no es tan simple como se ve. Desechado entre los hombres no en un sentido general, eso habría sido *ben adam,* eso significa hombres en general. Esto es *ben ish,* lo que eso significa es señores, gobernantes, líderes, gente prominente.

Entonces ¿qué dice el pueblo? "Miren, comienzo menospreciable, vida menospreciable, fin menospreciable en el cual ninguna persona importante Lo reconoció. Veamos a nuestros líderes y ellos son los que claman por Su sangre".En Juan 7 hay un testimonio importante de esto. Juan 7:45, "Los alguaciles vinieron a los principales sacerdotes y a los fariseos; y éstos les dijeron: ¿Por qué no le habéis traído?" Los enviamos para que lo trajeran, para que lo capturaran, y nos lo trajeran. Entonces estos alguaciles, policías del templo dijeron, "¡Jamás hombre alguno ha hablado como este hombre!" No sabemos qué hacer con Él, simplemente nos asombró Su enseñanza. "Entonces los fariseos les respondieron: ¿También vosotros habéis sido engañados?" Escuche esto. "¿Acaso ha creído en Él alguno de los gobernantes, o de los fariseos?" (versículo 48). Ninguna persona importante creía en Él.

Entonces cuando los judíos en el futuro miren atrás, van a decir, "Miren, vimos el principio de Su vida, la mitad de Su vida, y el final de Su vida, y no había nada en ella que Lo hiciera atractivo y no encajaba con nuestro retrato. Y después Su muerte es tan horrenda, Él es despreciado, Él es desechado, ninguna persona importante está de Su lado. ¿Qué debemos hacer? Seguimos a nuestros líderes". Ninguna de las personas de la élite de poder estaban cerca de Él, ninguno de ellos Lo apoyó, ninguno de ellos creyó en Él. Unos cuantos que debían haber creído en Él retrocedieron porque el precio era demasiado alto. Y hubo unos cuantos discípulos secretos que más tarde se aparecieron. Pero la gente de rango no estaba impresionada, los principales hombres de Su nación, los que estaban por encima de la multitud. Y era una jerarquía, una jerarquía rígida y determinada, la gente estaba muy por debajo de ellos y los gobernantes tenían el poder y la autoridad. Los grandes hombres se alejaron de Él. Ninguna de las personas de distinción estaba de Su lado.

Esto todavía es una realidad en el mundo. Las obras, el poder de Jesús fueron atribuidos a Satanás, fueron los líderes los que dijeron Él hace lo que hace por los poderes del infierno, Belzebú, Satanás. Y entonces persiguieron y martirizaron a Sus seguidores. Llamaron apóstatas a los apóstoles y dijeron que eran peor que los paganos. Y en esos primeros años se desarrolló una oración que decía, "Que los seguidores de Jesús sean destruidos repentinamente, sin esperanza, y borrados del libro de la vida". Así era la profundidad del rechazo y la burla. Y Él terminó como un "varón de dolores, experimentado en quebranto" (versículo 3).

Vemos Su vida y es algo triste. Ese no puede ser el Mesías. En lugar de causarle tristeza a los enemigos de Israel, y a las naciones, como dicen los profetas que sucedería, Él mismo es un "varón de pesares" (como traducen algunas versiones), literalmente dolores, pero no dolores externos, sino tristeza del corazón en todas sus formas, sería el hebreo de esa palabra. Y después "experimentado en quebranto", quebranto o tristeza del alma. Él fue una persona triste. Él estuvo triste por dentro. Podríamos verlo de esta manera, lo vieron como patético, tristeza profunda. Él llora, no hay registro alguno en todo el Nuevo Testamento de que en algún momento Él se rió. ¿Dónde está el gran líder, triunfal, victorioso, lleno de gozo, emoción, entusiasmo? ¿Quién es este hombre que está quebrantado de corazón, triste, que sufre dolor? Y claro, encima de eso, estuvo el dolor físico. Y fue tanto, dice el versículo 3, que "como que escondimos de Él el rostro". Para cuando llegó a la cruz, Él estaba desfigurado más que cualquier otro hombre, dice Isaías 52:14. Una corona de espinas aplastada sobre Su cabeza; sangre corriendo por Su cuerpo; moscas cubriéndolo en Su desnudez colgando bajo el sol en la cruz; clavos atravesando Sus manos; marcas de los golpes y azotes; escupitajos secos sobre Su rostro y cuerpo; heridas de los golpes en el rostro y los golpes con varas.

La realidad de Su sufrimiento simplemente no encaja con el retrato del Mesías. Ahora recuerde, ellos no pensaban que necesitaban un Salvador. Y Jesús dijo, "No puedo hacer nada con ustedes porque no vine a llamar a los justos al arrepentimiento". Él es alguien totalmente reprobable. Entonces, "como que escondimos de Él el rostro", alguien tan grotesco, tan deformado, tan feo, tan reprobable que ni siquiera volteas a verlo, es demasiado vergonzoso, es demasiado penoso, es demasiado feo, es demasiado horrible, es demasiado inolvidable. No quieres tener esa imagen en tu cara. Esa es la actitud continua de Israel hacia Jesús. Él es espantoso para ellos como un Mesías, infame.

Entonces, al final del versículo 3, "fue menospreciado, y no lo estimamos". Esa última frase es muy benévola en español, "no lo estimamos". Lo que significa es que lo consideramos nada, lo consideramos inexistente. Esa es la burla definitiva, Él no es nada para nosotros.

Esa es la perspectiva histórica de Jesús por parte del pueblo judío. Le doy gracias al Señor porque muchas personas judías, una por una, están viniendo a Cristo a lo largo de toda esta época de la iglesia y lo están viendo por quién realmente es. Y ¿no son buenas noticias que algún día la nación se volverá y lo verá y hará esta confesión? Sé que algunas personas podrían decir, "Bueno esto se oye como que es algo antijudío".No, esta no es una confesión gentil, esta es una confesión de los judíos en el día futuro cuando miren atrás y se den cuenta de lo que hicieron. Esta no es una evaluación gentil de incredulidad judía, esta es una evaluación judía, esto es arrepentimiento. Estas son palabras que la nación hablará en su confesión de corazón quebrantado del peor pecado imaginable al rechazar a Cristo. Y estas son palabras que necesitas hablar si has estado rechazando a Jesucristo. Necesitas decir estas mismas palabras ahora, judío o gentil, seas quien seas, para que una fuente de limpieza te pueda ser abierta.

Hasta el tiempo en el que crean en el futuro, y quizás en el futuro cercano, queremos decir esto, Romanos 1:16, "Porque no me avergüenzo del evangelio, porque es poder de Dios para salvación a todo aquél que cree; al judío primeramente, y también al griego".En el último minuto o dos quiero cerrar pasando a Hechos 3. Aquí tenemos el sermón de Pedro después del sermón en Pentecostés en los días de la primera iglesia. Es un sermón grandioso. Comenzando con el versículo 13 Pedro dice, "El Dios de Abraham, de Isaac y de Jacob, el Dios de nuestros padres, ha glorificado a Su Hijo Jesús, a Quien vosotros entregasteis y negasteis delante de Pilato, cuando éste había resuelto ponerle en libertad. Mas vosotros negasteis al Santo y al Justo, y pedisteis que se os diese un homicida", —Barrabás— "y matasteis al Autor de la vida, a Quien Dios ha resucitado de los muertos, de lo cual nosotros somos testigos. Y por la fe en Su nombre, a éste", —a quien acababan de sanar— "que vosotros veis y conocéis, le ha confirmado su nombre; y la fe que es por Él ha dado a éste esta completa sanidad en presencia de todos vosotros". Él dice, "Han rechazado, asumen la responsabilidad de rechazar y matar al Autor de la vida".Y después, continuando con el versículo 17, es tan importante. "Mas ahora, hermanos" —les habla a estos judíos como sus hermanos— "sé que por ignorancia lo habéis hecho, como también vuestros gobernantes. Pero Dios ha cumplido así lo que había antes anunciado por boca de todos Sus profetas, que Su Cristo había de padecer". —¿A dónde creen que se dirige con eso? Es muy probable que sea Isaías 53— "Así que, arrepentíos y convertíos". ¿Acaso no son estas buenas noticias? Acaban de matar al Autor de la vida y Dios les está diciendo arrepiéntanse y regresen. Y cuando lo hagan, su pecado será borrado. Eso es literalmente lo que Jesús dijo cuando estaba muriendo en la cruz, "Padre perdónalos, porque no saben lo que hacen" (Lucas 23:34). Ustedes son ignorantes, lo hicieron en incredulidad. Arrepiéntanse, regresen, para que sus pecados sean borrados. Y después ¿qué pasará? Cuando se vuelvan y se arrepientan y sus pecados sean borrados, vendrán tiempos de refrigerio. Ese es el Reino. Porque Él enviará a Jesucristo "que os fue antes anunciado" (Hechos 3:20) Esa es Su Segunda Venida, para establecer Su Reino. El Cielo debe recibirlo por ahora, "hasta los tiempos de la restauración de todas las cosas, de que habló Dios por boca de sus santos profetas que han sido desde tiempo antiguo" (versículo 21). El Reino de nuevo, el Pacto Abrahámico prometido, el Pacto Davídico, reiterados por los profetas, la salvación y todas las promesas del Reino, vendrán cuando Cristo regrese. Cristo regresará en los tiempos de restitución, los tiempos de restauración, los tiempos de refrigerio, cuando se arrepientan.

Siguiendo con el versículo 24 Pedro dice, "Y todos los profetas desde Samuel en adelante, cuantos han hablado, también han anunciado estos días" —los días del reino— . "Vosotros sois" —todavía— "los hijos de los profetas, y del pacto que Dios hizo con nuestros padres, diciendo a Abraham: En tu simiente serán benditas todas las familias de la tierra. A vosotros primeramente, Dios, habiendo levantado a su Hijo" —o Siervo (en el griego), que es el título que le da Isaías 53— "lo envió para que os bendijese, a fin de que cada uno se convierta de su maldad". Ustedes mataron al Mesías, pero Dios no ha terminado con ustedes. Vendrá el día cuando Él los convierta de sus pecados y envíe a Su Hijo para establecer Su Reino y cumplir Su promesa.

Dios no ha terminado con Israel. Mantengan un ojo en Israel. Su salvación está asegurada por la promesa de Dios. Mientras tanto, la salvación está abierta a todos los que lo invocan.

REFLEXIONES PERSONALES

05_El siervo sustituto. Parte 1

Ciertamente llevó él nuestras enfermedades, y sufrió nuestros dolores; y nosotros le tuvimos por azotado, por herido de Dios y abatido.

Mas él herido fue por nuestras rebeliones, molido por nuestros pecados; el castigo de nuestra paz fue sobre él, y por su llaga fuimos nosotros curados.

Todos nosotros nos descarriamos como ovejas, cada cual se apartó por su camino; mas Jehová cargó en él el pecado de todos nosotros.

Isaías 53:4–6

BOSQUEJO

— Introducción

— Muchos son culpables pero solo uno es justo

— La aparente causa de nuestro rechazo al Siervo de Jehová

— La verdadera causa de nuestro rechazo al Siervo de Jehová

— ¿Qué son estas enfermedades y dolores?

— ¿Quién es aquí el chivo expiatorio?

— ¿Qué tanto sufrió el Siervo?

— Oración

Notas personales al bosquejo

SERMÓN

Introducción

Estamos en el estudio de Isaías 53 y les invito a que vayan conmigo ahora a este pasaje. Éste es un gran capítulo y hay muchas formas de verlo como el corazón del Antiguo Testamento. El nombre Isaías significa "la salvación es del Señor". Un dato interesante es que la profecía de Isaías, que contiene 66 capítulos, está dividida en forma similar a toda la Biblia: la Biblia tiene 39 libros en el Antiguo Testamento y 27 en el Nuevo Testamento; Isaías tiene 39 capítulos en su primera parte y 27 en su segunda parte.

Isaías demuestra la más alta calidad y formato en lo que se refiere la poesía hebrea que tenemos en existencia. La profecía de Isaías es la más grande de todos los profetas mayores, y contiene más material que todo lo que los profetas menores juntos escribieron. Es apropiado mencionar que si todo el Nuevo Testamento se hubiera perdido y todo lo que nosotros tuviéramos como registro histórico fuera la muerte y resurrección de Cristo, tendríamos una suficiente explicación teológica en Isaías 53 como para llevar a un pecador a conocer la completa salvación. Aquí se explica la muerte, la resurrección y la exaltación de Cristo. El capítulo 53 del libro de Isaías es como entrar al Lugar Santísimo. Es maravilloso, es impresionante, y hemos estado repitiendo esto a lo largo de nuestro estudio.

Es una profecía. Es una visión acerca del futuro que le fue dada a Isaías 700 años antes de que Jesucristo viniera a la tierra. Muchas de las visiones que fueron dadas a los escritores de la Biblia y a la gente con la que nosotros estamos familiarizados dentro de la Escritura, son remarcables. Por ejemplo, a Moisés se le permitió ver una visión en el Monte Nebo, mirando la tierra de Israel. Y él, en un sentido, pudo ver la tierra antes de que Israel tomara posesión de ella. También tenemos a Abraham. De él se dice que fue capaz de ver hacia el futuro, y por medio de revelación divina vio los días de Cristo y se regocijó. Jacob vio el mismísimo rostro de Dios en Betel, y en aquella pelea vio a Cristo encarnado. El apóstol Pablo fue arrebatado al tercer cielo y vio cosas que no le fue dado expresar, y tuvo una visión previa de cómo sería cuando algún día, después de su martirio, él entrara en el mismísimo cielo que le fue mostrado por visión.

Y, desde luego, el apóstol Juan fue llevado en visiones una y otra vez. Visiones por ejemplo en el libro de Apocalipsis que tienen un registro de lo que será el futuro de la tierra y el futuro en el cielo también. Ezequiel vio la gloria de Dios previa al juicio que vendría. Pedro, Jacobo, y Juan estuvieron en el Monte de la Transfiguración y vieron un avance de la Segunda Venida en gloria de Jesucristo, y se maravillaron con esto, como bien sabemos.

Pero de todas estas maravillosas visiones de cosas que aún están por venir, ninguna excede la sorprendente visión de Isaías. Y aun cuando en un sentido técnico esta no sería una visión como la definimos bíblicamente, ésta fue una revelación directa. Sin embargo contenida dentro de esta revelación directa se encontraba una clara descripción del significado de la Cruz. A Isaías se le dio el privilegio de ver más profundamente el significado del Calvario y la muerte de Jesucristo que a cualquier otro, y antes de que este evento tuviese lugar. En este sentido, Isaías se convierte en el profeta del Evangelio, el profeta de la Cruz. Y mientras que hay cosas que ocurrieron en la Cruz que fueron profundizadas en otros lugares del Nuevo Testamento, en ningún otro lugar se presentan juntas en la forma en que lo hacen aquí, de tal modo que, como ya dije, si todo lo que tuviéramos fuera el registro histórico de la Crucifixión y la Resurrección, seríamos capaces de entender la teología de ello a partir de este capítulo solamente. Isaías 53 entonces se convierte en un resumen del Evangelio en el sentido de que éste es un resumen de lo que es necesario para creer. Con esta información un pecador puede ser salvado del juicio y también perdonado de sus pecados.

Pero es más que esto. Es la más profunda de todas las revelaciones que fueron dadas a un profeta. Pero al mismo tiempo, ésta es más que una simple profecía del Calvario, más que una simple profecía de la Cruz de Cristo. Esta profecía va más allá de todo esto y está colocada dentro de un contexto que habla del final de la historia de la humanidad, mucho después de la Cruz, más allá de nuestros días, va hasta ese tiempo en el futuro al final de la historia de la humanidad cuando Israel como nación se convertirá a Jesucristo. Ellos creerán en Él y serán salvos, Cristo regresará, destruirá toda la faz de la tierra, y pondrá en funciones su Reino, inaugurará el reino y tomará a todo el Israel creyente, así como a los gentiles redimidos, colocándolos dentro de ese reino y le serán cumplidas todas las profecías con respecto al Reino que se encuentran en el Antiguo Testamento. Así que, en un sentido, estamos yendo más allá del Calvario hasta el final de los tiempos y estamos escuchando en este capítulo una confesión de los judíos al final de la historia de la humanidad, conforme ellos miran en retrospectiva hacia la Cruz y se dan cuenta qué tan errados estuvieron acerca de Jesucristo y cómo juzgaron mal el más monumental de todos los eventos.

Es un viaje en el tiempo, pero no se trata de volver al futuro, sino que vamos a adelantarnos al pasado, si es que pueden procesar esto. Lo que Isaías hace es adelantarse al futuro lejano, cuando Israel mire en retrospectiva al que traspasaron y se lamente por Él ya que era el Unigénito y una fuente de limpieza abierta a ellos para limpiarlos de todo su pecado e iniquidad. Esas son las palabras de Zacarías 12:10 y 13:1. Él va hasta el final, hasta el momento en el que Israel reconozca que ellos crucificaron al Mesías, al Señor de gloria. Esta profecía entonces presenta ese gran evento escatológico, el arrepentimiento nacional de los judíos. Zacarías nos dice que dos tercios de ellos no creerán. Ellos serán juzgados, eliminados. Pero un tercio de esa nación creerá. Si eso sucediera pronto, estaríamos hablando de un número de alrededor de entre 4 y 5 millones de judíos, así sería la salvación de la nación escogida. Esta es la única manera en la que cualquiera puede ser salvo, y es la única manera en la que Israel será salvo. La única manera para que alguien sea salvo es que crea en la verdad acerca de Jesucristo y la verdad acerca de la Cruz y si ellos no se arrepienten y abrazan a Jesucristo como señor y Salvador, no pueden ser salvos. Y esto es exactamente lo que hará una futura generación de judíos, ellos abrazaran a Jesucristo y verán Su muerte como una muerte vicaria, sustitutoria, y sacrificial a favor de ellos; seguida de la resurrección y exaltación. Este capítulo, Isaías 53, es la confesión que ellos harán en un tiempo futuro.

Pero también está la confesión que todo pecador salvado tiene que hacer. Nosotros estamos aquí porque hemos hecho esta confesión. Estas son las palabras que de alguna manera han estado en nuestras mentes y nuestros labios. Estas son palabras maravillosas. El tono del capítulo es muy triste, muy sombrío, algo que rompe el corazón algo que produce mucha tristeza. ¿Por qué? Porque esa generación futura de judíos va a mirar en retrospectiva y se dará cuenta que llegar a creer en Jesucristo les habrá tomado un muy largo tiempo. Ellos habrán llegado a amar al Mesías tardándose mucho tiempo para ello. Y cuando ese tiempo llegue, esto es lo que ellos dirán. Permítanme leérselo nuevamente.

"¿Quién ha creído a nuestro anuncio?, ¿y sobre quién se ha manifestado el brazo de Jehová? Subirá cual renuevo delante de él, y como raíz de tierra seca; no hay parecer en Él, ni hermosura; le veremos, mas sin atractivo para que le deseemos. Despreciado y desechado entre los hombres, varón de dolores, experimentado en quebranto; y como que escondimos de Él el rostro, fue menospreciado, y no lo estimamos.

Ciertamente llevó Él nuestras enfermedades, y sufrió nuestros dolores; y nosotros Le tuvimos por azotado, por herido de Dios y abatido. Mas Él herido fue por nuestras rebeliones, molido por nuestros pecados; el castigo de nuestra paz fue sobre Él, y por su llaga fuimos nosotros curados. Todos nosotros nos descarriamos como ovejas, cada cual se apartó por su camino; mas Jehová cargó en Él el pecado de todos nosotros.

Angustiado Él, y afligido, no abrió su boca; como cordero fue llevado al matadero; y como oveja delante de sus trasquiladores, enmudeció, y no abrió Su boca. Por cárcel y por juicio fue quitado; y Su generación, ¿quién la contará? Porque fue cortado de la tierra de los vivientes, y por la rebelión de mi pueblo fue herido. Y se dispuso con los impíos Su sepultura, mas con los ricos fue en Su muerte; aunque nunca hizo maldad, ni hubo engaño en Su boca.

Con todo eso, Jehová quiso quebrantarlo, sujetándole a padecimiento. Cuando haya puesto Su vida en expiación por el pecado, verá linaje, vivirá por largos días, y la voluntad de Jehová será en Su mano prosperada. Verá el fruto de la aflicción de Su alma, y quedará satisfecho; por Su conocimiento justificará mi siervo justo a muchos, y llevará las iniquidades de ellos. Por tanto, yo Le daré parte con los grandes, y con los fuertes repartirá despojos; por cuanto derramó Su vida hasta la muerte, y fue contado con los pecadores, habiendo Él llevado el pecado de muchos, y orado por los transgresores".Si es que, como algunos han sugerido, Isaías es el libro más importante del Antiguo Testamento, el capítulo 53 es el capítulo más importante del libro de Isaías. Cinco veces aparece en ese capítulo la palabra "muchos". "Muchos" en este capítulo se refiere a los beneficiarios del sorprendente sacrificio sustitutorio hecho por el Siervo del Señor. Ellos son los muchos; Él es el único. En el versículo 11 Él es el justo. Hay muchos que son pecadores pero solo uno que es justo. Hay muchos que son culpables, pero solo hay uno que provee un sacrificio satisfactorio a favor de ellos. "Muchos" es una palabra que usan también los escritores del Nuevo Testamento. Tanto Mateo como Marcos se refieren a Cristo como Aquél que dio su vida en rescate por muchos. Pablo en Romanos 5:15 habla acerca del sacrificio de Cristo por los muchos. El escritor de Hebreos en Hebreos 9:28 se refiere nuevamente al hecho de que Cristo dio su vida por muchos. Y como pueden ver la idea que existe ahí es un contraste entre los muchos y el único. Y todos estos escritores, Mateo, Marcos, Pablo, y el escritor de Hebreos, están viendo lo que dice Isaías 53, sin que necesariamente lo estén citando. Ahí encontramos el contraste entre el uno en el versículo 11 quien es justo y los muchos que son pecadores. Muchos son culpables pero solo uno es justo.

Muchos son culpables pero solo uno es justo

¿Qué característica tiene esta confesión para hacerla genuina?

Ésta es una confesión genuina y quiero mostrarles porqué sabemos esto. Esto es característico de cualquier confesión que lleva la salvación. Déjenme decírselo una vez más. Esto es característico de cualquier confesión que lleva la salvación. Es una confesión honesta y verdadera para la salvación. Escuchen cuidadosamente, la razón es porque aquí el pecador toma la responsabilidad completa por su pecado. Y esto será verdad en la confesión nacional de Israel en el futuro, pero ahora es verdad en todo individuo que viene a la verdadera salvación que es solo por fe en Jesucristo. Hay una genuina y honesta confesión del pecado en la cual el pecador toma la completa responsabilidad por su pecado. En otras palabras, no está acusando de su pecado a nadie más. El acusar a alguien más es tan antiguo como Adán y Eva, ¿no es cierto? "La mujer que tú me diste…" Pero este maravilloso capítulo no solo está lleno de verbos en tiempo pasado lo que nos dice que es una generación futura que está viendo en retrospectiva hacia la Cruz, sino que también está lleno de otra característica lingüística que necesita ser identificada: está lleno de pronombres en primera persona del plural.

Leamos juntos y notemos cómo es esto: "nuestras, nuestros, nuestras, nuestros, nuestra, nosotros, nosotros, nosotros..." Como pueden ver, el problema está en nosotros. Esto es un reconocimiento que está presente en cualquier acto verdadero de arrepentimiento. Sí, es cierto que el Espíritu Santo tiene que dar vida de manera soberana al pecador para que este pueda ser salvado. Sí, el Espíritu de gracia y de súplica, como dice Zacarías, debe venir sobre los pecadores en Israel y entonces ellos pueden convertirse y creer. Sí, el poder del Espíritu Santo es un requisito en la regeneración para que el pecador que está muerto pueda ser despertado. Y sí, es verdad que la Escritura dice que Dios ha endurecido el corazón de los incrédulos, y en particular ha endurecido a Israel en Su contra a causa de su incredulidad. Uno podría asumir entonces que un pecador se levantaría y diría "no es mi culpa, el Espíritu Santo no me ha dado vida. Y por otro lado, Dios me ha endurecido. Existe un lado negativo que causa que yo me encuentre en la condición de incredulidad en la que me encuentro: esto es, el Espíritu no me ha dado vida. Existe un lado positivo que causa que yo esté en la condición en la que me encuentro: esto es, el hecho de que yo he sido endurecido por Dios. ¡No puedo ser acusado por esto!"

Pero no hay nada de eso aquí. Sin embargo el trabajo del Espíritu Santo y los propósitos soberanos de Dios se unen en una fe salvadora y de arrepentimiento, y a pesar de que Dios hace esto en su vasta e infinita mente, la solución para resolver estas cosas no es que el pecador elimine su propia responsabilidad. De hecho Jesucristo lloró sobre la ciudad de Jerusalén y dijo: "¡Cuántas veces quise juntar a tus hijos, como la gallina a sus polluelos debajo de sus alas, y no quisiste!" (Lucas 13:34). Él dijo: "ustedes no creerán". En Romanos 10:21 Pablo cita el Antiguo Testamento: "Todo el día extendí mis manos a un pueblo rebelde y contradictor". Ellos no acusaron al Espíritu Santo. Ellos no acusaron al juicio de Dios. Ellos toman la completa responsabilidad de su incredulidad, y de la condición en la que su incredulidad los ha colocado. Ellos toman toda la responsabilidad por los pecados, las transgresiones y las iniquidades que han cometido. Ellos toman toda la responsabilidad por los efectos y las consecuencias de esos pecados, es decir, el llanto y la tristeza que llena sus vidas. Todo es culpa nuestra, dicen ellos; y también en toda confesión verdadera para la salvación, no se culpa a nadie más. El pecador acepta su completa responsabilidad. Así lo debe hacer todo penitente. Esto no es solo para ellos en aquel tiempo; esto es también ahora en ustedes y en mí. Así que aquí tenemos un modelo genuino para un verdadero arrepentimiento. Ellos reconocen que son muchos, que son pecadores, y que todo tiene que ver con ellos, y que es su responsabilidad. Y ellos también reconocen que hay Uno que está en contra de los muchos y Él es quien puede proveer la única salvación y que ese Uno es el siervo justo quien murió en lugar de ellos. Este es el corazón de la confesión que vemos aquí.

La aparente causa de nuestro rechazo al Siervo de Jehová

Y ahora llegarán los versículos del cuatro al seis, llegamos a la mitad de las estrofas de esta alabanza. Hay cinco estrofas, como pueden ver, y solo hemos visto dos. Esta es la que se encuentra exactamente a la mitad. Vamos a ver las restantes, pero esta es la verdad más importante. Estos tres versículos, se puede decir que son los versículos más suntuosos de todo el Antiguo Testamento y debo confesar es un tanto desalentador pararse frente a ustedes y representar estos versículos. Me siento inadecuado e inepto al hacer esto porque estos versículos son incomprensibles e insondables, tanto como para estar más allá de cualquier mente humana. Pero voy a dar lo máximo para colocarlos en el curso y dirección para que puedan comprender la grandeza de esta porción de las escrituras. Los muchos quienes son pecadores, quienes honestamente vienen a confesar sus pecados y en consecuencia son genuinamente salvados, son los que creen en los versículos 4, 5 y 6. Esta es una verdad salvadora.

Así que aquí tenemos, solo para seguir nuestro bosquejo, en la estrofa uno, el asombroso Siervo, el Mesías, el llamado Siervo de Jehová. Vimos al asombroso Siervo en los versículos 13–15 al final del capítulo 52. Después, la última vez, vimos al siervo despreciado, en los versículos 1–3, y ahora llegamos al Siervo sustituto. Viendo siempre al Siervo de Jehová, ahora lo vemos en su rol como un sustituto.

En los primeros tres versículos, recordarán cómo ellos hacen remembranza de su vida. Los judíos confesaran, vimos su vida y no fuimos impresionados, no creímos el mensaje acerca de Él, no creímos en el brazo del Señor, esto es el poder de Dios que vino con Cristo, de tal modo que Cristo literalmente es el brazo del Señor personificado. ¿En realidad cuántos de nosotros creímos? Muy pocos. ¿A cuántos de estos llegó esta revelación y fue recibida con fe? Muy pocos. ¿Por qué? Porque vimos su origen y su aspecto era como raíz de tierra seca, era como un pedazo de raíz en una tierra infértil, insignificante y sin mayor importancia, innecesario. Su inicio fue de esta manera, vino de un pueblo que no significaba nada, de una familia que no significaba nada, no tenía influencias a su alrededor que fueran religiosos en términos de gente de élite en el liderazgo. Era un hombre muy común de una familia muy común, de un pueblo muy común, y quien se rodeaba de gente más común. Era un "Don Nadie" que no venía de ningún lugar. Ese fue su comienzo.

Y entonces vimos su vida y no había nada que fuera sorprendente en él. Ninguna cosa majestuosa acerca de él, al menos no en una forma declarada. Su apariencia no era algo que nos atrajera. No había nada en el que dirigiera "Mesías". Y luego su final fue lo peor. Fue despreciado, desechado entre los hombres, se convirtió en varón de dolores y experimentó el quebranto, y fue tan deformado, desfigurado que en lugar de verlo escondimos nuestro rostro, ni siquiera lo volteamos a ver. Podemos decir que era algo horripilante en su último día de vida. Un inicio en condiciones desfavorables, una vida sin importancia, y una muerte horrenda. Así nosotros lo despreciamos. Lo consideramos nada... nadie. Este es el siervo despreciado de los versículos 1–3, y es ahí donde la confesión del pecador inicia: "Estaba yo tan equivocado acerca de Jesús". Esto es lo que Israel estaba diciendo. "Siempre estuvimos equivocados".La transición con la que inicia el verso cuatro, en su primera palabra, "Ciertamente," o "en verdad", o "en realidad". Esta es una exclamación. Es un reconocimiento repentino de algo inesperado, un cambio dramático de la percepción previa. Este es un cambio total, es como girar rápido sobre sus talones. "Ciertamente", como si dijera, "detengamos nuestro camino y regresemos hacia el lado opuesto de inmediato". Ahora vemos cómo es que llevó Él nuestras enfermedades, y sufrió nuestros dolores. Fue herido por nuestras rebeliones, molido por nuestros pecados; el castigo de nuestra paz fue sobre Él, y por Su llaga fuimos nosotros curados. Tenemos una visión completamente nueva acerca de esto. Nuestra conclusión había sido que Él no era nadie. Dijimos, no tendremos a este hombre como rey sobre nosotros. Y cuando tuvimos la opción de Barrabás o Jesús, dijimos "Maten a Jesucristo, crucifíquenlo".Ahora sabemos. Ciertamente, él no murió por sus propios pecados. Él no murió por sus propias iniquidades. Él no murió por sus propias transgresiones. Él no murió por ser un blasfemo, como nosotros pensamos que lo era. Él no murió porque Dios lo hubiese matado por decirse divino. Él no murió porque Dios lo hubiese matado debido a que afirmaba ser el Mesías cuando en realidad no lo era. Él no murió porque reclamara ser igual a Dios. Esto fue lo que ellos pensaron. Ellos pensaron que Dios lo había matado por sus blasfemias. Él era un blasfemo, decían ellos, y que Dios lo había matado como un blasfemo por sus propios pecados y por sus propias iniquidades, por sus propias transgresiones, las cuales en su mente eran blasfemias supremas. Afirmaba ser el Mesías, afirmaba haber estado vivo antes de Abraham, afirmaba ser igual a Dios, afirmaba ser capaz de levantarse a Sí mismo de los muertos, afirmaba ser el Creador. Este blasfemo murió por la mano de Dios y por esos horrendos y terribles pecados. Eso es lo que pensábamos. Ahora sabemos que fueron nuestras enfermedades las que Él llevo y nuestros dolores los que Él cargo. Él fue herido, molido, castigado y llagado por nosotros. Este es el cambio total de cómo es que ellos veían la Cruz. Él tomó nuestro lugar, murió en vez de nosotros, dio su vida por nosotros. Técnicamente llamaríamos a esto sustitución penal vicaria.

La verdadera causa de nuestro rechazo al Siervo de Jehová

Finalmente como nación ellos van a ver y van a creer todo esto. Y ellos van a ser salvados en esa misma hora. Estos tres versículos, por cierto, versículos 4, 5 y 6, están tan conectados que son como círculos concéntricos. En un sentido están girando alrededor los unos de los otros. Y cada uno de ellos menciona los agravios y la provisión que hizo el Siervo para expiar esos agravios. Y todos giran alrededor del mismo tema. Pero son tan profundamente ricos que no podemos analizar todo su contenido en esta mañana, así que tendremos que terminar la próxima ocasión. Ellos comprenden qué tan equivocados estaban.

Ellos tuvieron la actitud equivocada, manifestada en un comportamiento equivocado. Todo esto provenía de su naturaleza. El arrepentimiento abarca estos tres. El verdadero arrepentimiento incluye el reconocimiento de que pensamos mal y actuamos mal, ya que por naturaleza somos profundamente corruptos. El versículo 4 habla acerca de estas actitudes equivocadas, el versículo 5 habla acerca de su comportamiento equivocado y el versículo 6 habla acerca de su naturaleza equivocada. Van hasta lo más profundo. Nuestra actitud estaba equivocada, terriblemente equivocada. Le tuvimos por azotado, por herido de Dios y abatido. Esto estaba equivocado. Pensamos que Él estaba siendo castigado por su propia iniquidad. Nuestros comportamientos estuvieron equivocados: transgresiones, iniquidades. Pero mayormente porque nuestra naturaleza es equivocada. El versículo 6 habla acerca de esta naturaleza. Somos como ovejas que se han descarriado, nos apartamos del camino, cada uno de nosotros se ha ido por su propio camino.

Ustedes pueden decir: "¿En qué sentido estamos hablando de naturaleza?" Las ovejas hacen lo que las ovejas hacen. Esa es la analogía. Ellas vagan errantes hacia el peligro. Así éramos nosotros. Nuestra naturaleza estaba equivocada y caminábamos nuestro propio camino. Así que esta generación futura de judíos ha llegado a un lugar al cual todo pecador debe venir, para ser salvado, en el cual entiendes que tienes que cambiar tu idea acerca de Cristo, lo que piensas acerca de Cristo. Tienes que reconocer las transgresiones y las iniquidades que marcaban tu comportamiento y tu subsecuente alienación de Dios y la enfermedad del alma que posees. Y entonces debes reconocer que existe un problema profundamente enraizado dentro de tu humanidad. Eres un pecador. Y esto es lo que tenemos aquí descrito. El despertar es impresionante. Ellos lo entienden. Él cargo todas nuestras enfermedades y dolores. Nosotros mismos somos el asunto aquí. Nuestras enfermedades.

¿Qué son estas enfermedades y dolores?

La palabra para "enfermedad" que se usa aquí significa padecimiento, debilidad, calamidad. Es una palabra con un significado muy amplio. Los pecados son vistos desde la perspectiva de sus efectos. Los pecados son vistos desde la perspectiva de lo que producen, las condiciones que nos vienen como consecuencia del pecado. La vida se llena de enfermedad, de padecimiento, de debilidad, de calamidad. Estas son nuestras enfermedades. Y es una palabra que mira principalmente al objetivo, el exterior, las agonías y las luchas y asuntos con los que batallamos en la vida. Él llevó nuestras enfermedades. La palabra "llevó" significa levantar, recoger y colocar encima de uno mismo. El recogió todo lo que el pecado había producido y lo puso sobre sí mismo.

Y después lo dicen de otra manera: nuestros "dolores". Esta palabra habla de padecimiento, y es más acerca del aspecto subjetivo o interno. "Enfermedades" es una palabra que se refiere más a los efectos externos del pecado y "dolores" es una palabra que se refieren más a los efectos internos del pecado. Pero el pecado no es visto aquí como una entidad moral, que transmitiría la palabra "pecado", sino más bien desde la perspectiva de la angustia, los horrores y todos los asuntos de la vida que fluyen como consecuencia del pecado. Él recogió el pecado con todo lo que produce y lo llevó, lo puso sobre sí mismo, lo cargó. Bueno, sabemos que lo cargó hasta la cruz y sufrió todo el castigo de Dios. Jehová quiso quebrantarlo, dice el versículo 10. Él tomó el castigo por nuestro pecado y de este modo se llevó todo el peso del pecado y todos sus efectos.

A través de todo el Antiguo Testamento encontramos advertencias al pueblo judío y, por tanto, a toda persona, que violar la palabra de Dios te hace culpable. De hecho hay una pequeña frase, "llevará su iniquidad", "llevará su iniquidad", y la encontramos varias veces en el libro de Levítico en donde sabemos está todo el sistema sacrificial. La puedes encontrar también en Ezequiel 44 que quien viola la ley de Dios llevará su iniquidad y será castigado. Así que aquí el Siervo, el Mesías toma toda la carga de la culpa del pecador y recibe todos los efectos del pecado, los coloca sobre sí mismo, y paga por completo la pena por esos pecados y así se los lleva.

Recordarán que en Levítico 16 cuando se hacía expiación, un animal era sacrificado y otro animal era mantenido vivo. Y los sacerdotes ponían sus manos sobre ese animal, el chivo expiatorio, como colocando todos los pecados de la gente sobre él, y era enviado al desierto para no volver a regresar nunca.

¿Quién es aquí el chivo expiatorio?

Jesús es el chivo expiatorio. Él toma todos nuestros pecados, paga la culpa en su totalidad. Él es también el animal sacrificial, y Él es el chivo expiatorio que se lleva todos los pecados. No estoy diciendo que Jesús siente nuestro dolor con compasión. No estoy diciendo eso. Más bien, Él toma todos nuestros pecados y la culpa completa, paga por ellos en su totalidad, y entonces hace que termine el reinado del pecado en nuestras vidas, con todos sus efectos, con todas sus manifestaciones, con todas sus enfermedades, y con todos sus dolores. Y algún día nosotros entraremos en el cumplimiento total de esto, ¿no es así? Un día cuando nosotros entremos en el cielo, no habrá más pecados ni más efectos de ellos. Nosotros debíamos sufrir por nuestros pecados pero Él lo hizo. Él quitó de nosotros todo lo que nos pertenecía, todo lo que nosotros debíamos haber sufrido, como juicio, dolor, devastación, incluso el castigo eterno, y todo lo llevó sobre Sí mismo. Y así Él nos quitó completamente esta carga.

Él toma nuestros pecados y los remueve, habiendo pagado en su totalidad por ellos. Ahora esa es la profecía de Isaías acerca de Éste que vendría. Y verán que esta verdad es reiterada en lo que resta de las secciones de este gran capítulo porque esta es una verdad cardinal. El versículo 8, por ejemplo: "Porque fue cortado de la tierra de los vivientes, y por la rebelión de mi pueblo fue herido". La pregunta entonces es, ¿quién es esta persona? ¿Quién es esta persona que reúne todo el pecado y todas sus manifestaciones y todos sus efectos y paga en su totalidad por el castigo que satisface el juicio y la ira de Dios y entonces lo toma todo y se lo lleva, para nunca más volverlo a ver? ¿Quién es la persona que hace esto?"

Pedro, sin duda, teniendo en mente este pasaje, nos dice en 1 Pedro 2:24, hablando de Cristo: "quien llevó Él mismo nuestros pecados en su cuerpo sobre el madero… y por cuya herida fuisteis sanados". Esta es una alusión directa a Isaías 53. No podría ser otro sino Cristo. Nadie, sino Jesucristo, podría cumplir esto. Israel llegará a entender esto, llegará a entender esta advertencia, llorando y lamentándose en arrepentimiento habiendo visto la verdad acerca del Siervo de Jehová, el Mesías, Yeshua, Jesús. Y entonces ellos darán testimonio del error tan grande que cometieron, que generaciones han cometido por miles de años y no se han dado cuenta. Y aquí ellos declaran qué tan equivocados estaban. No fue por Su pecado que sufrió, fue por el pecado de ellos. Y entonces llega esta confesión: "y nosotros" —recordando el pasado— "le tuvimos por azotado, por herido de Dios y abatido". Y allí está la confesión, que nosotros pensábamos que Dios lo estaba castigando por Sus propios pecados. Nosotros lo consideramos como azotado y abatido por Dios debido a Su blasfemia. La palabra para "Dios" es Elohim y todos esos verbos se conectan con Elohim. Azotado por Dios, herido por Dios, afligido por Dios; pensamos que Dios lo estaba castigando por Sus propios pecados.

¿Qué tanto sufrió el Siervo?

El lenguaje aquí es muy fuerte. La palabra "azotado" es azotar violenta-mente, es una palabra muy violenta que se usa en Éxodo 11:1 con referencia a las plagas. La palabra "herido" significa básicamente golpear a alguien hasta el punto de la muerte. La palabra "afligido" es una palabra que puede significar ser humillado, o ser degradado, o ser destruido. Así que nosotros pensamos que cuando Él estaba siendo golpeado, apaleado, degradado y humillado, que esto lo estaba haciendo Dios porque Él era un blasfemo. Y por cierto, esto es lo que muchos judíos siguen pensando hasta nuestros días. Este es el pensamiento judío en estos días. Esto es exactamente lo que ellos piensan. Pero también hay judíos que pueden ver la verdad, ¿no lo creen ustedes? Incluso pueden ser algunos de ustedes. Ustedes mismos pueden decir esto es lo que nosotros pensábamos pero ahora pensamos algo completamente diferente. Y ellos algún día en el futuro sabrán que Este es el Cordero de Dios, escogido por Él para ser el sustituto vicario que lleve sus pecados. Ellos se dan cuenta de esto, y así en el versículo 5 van a recono-cer que Él fue traspasado por nuestras transgresiones, molido por nuestras iniquidades castigado para que nosotros pudiésemos ser beneficiados, lati-gueado para que nosotros pudiéramos ser sanados.

Aquí hay un lenguaje maravilloso, muy gráfico. Las palabras "herido", "molido", "castigado", son palabras muy fuertes. Hablemos de ellas por un momento. El profeta no tiene conocimiento acerca de la cruz, él no sabe lo que va suceder dentro de 700 años. El espíritu de Dios lo guía para que él pueda escoger estas palabras, y podemos decir que son metafóricas en un sentido, o bien que son una especie de palabras generales. Que al decir "azo-tado", "herido", "molido", "castigado", simplemente está tratando de escoger palabras que sean gráficas, dramáticas y repulsivas al pensar que alguien sea tratado de esta manera. Que tienen la intención de ser de alguna manera generales. Y estaríamos en lo correcto.

Hay eruditos hebreos que sugieren que la palabra "herido", por ejem-plo, es la expresión más fuerte que existe en el hebreo para referirse a una muerte violenta. De tal manera que si la ven en un sentido general, podrían decir, "bueno quienquiera que sea esta persona simplemente va a tener una muerte muy violenta", y estarían en lo correcto. Y podrían ver la palabra "molido", y esa palabra puede referirse a cualquier cosa desde ser pisoteado hasta la muerte, literalmente pisoteado o aplastado bajo el pie —como se usa en Lamentaciones 3:34— hasta ser aporreado y magullado. Esto sería en un grado menor. Podría ser una palabra am-plia para referirse a la vida de alguien siendo triturada. Pero puede ser cualquier cosa, como ya dije, desde ser pisoteado hasta la muerte, hasta ser severamente magullado.

Y llegamos a la palabra "castigo", una palabra también muy interesante. Este es el único término hebreo que existe para expresar castigo y castigo es un término técnico, es un término legal en cierto sentido. Y ustedes podrían decir, "bueno, este definitivamente era castigo en términos generales", y estarían en lo correcto acerca de esto. La palabra "llaga" podría ser también vista en un sentido general. En el original significa azotar a alguien, infringirle heridas a alguien. Estas podrían ser palabras usadas de manera general y tal vez cuando Isaías escribió esto, eso es lo que pensó. Bueno esto es seleccionar las peores descripciones posibles para referirse a una muerte horrible, horrenda.

Pero la verdad acerca de esto es que no son términos generales porque cada uno de estos términos describe exactamente lo que le ocurrió a Jesús. Él fue herido cinco veces: en ambos pies, en las manos y en su costado. El Salmo 22 es un salmo que describe previamente lo que sucedió en la cruz. El Salmo 22 inicia de esta manera: "Dios mío, Dios mío, ¿por qué me has desamparado?" Son las mismísimas palabras que Jesús dijo estando en la cruz. Pero en el Salmo 22:16 el salmista escribe: "Horadaron mis manos y mis pies". En Zacarías 12:10, el profeta dice: "y mirarán a mí, a quien traspasaron". Y la realidad es que ellos horadaron a Jesús en la cruz. Esto pasó en realidad. En Juan 19 hay al menos dos versículos que están ligados a este, versículo 34 de Juan 19: "uno de los soldados le abrió el costado con una lanza, y al instante salió sangre y agua". El versículo 37 dice, "Y también otra Escritura dice: mirarán al que traspasaron". Sí, Él fue traspasado. Esta profecía es muy específica.

Pero, ¿qué decimos acerca de la palabra "molido"? Esta se pudiera referir como ya dije a cualquier cosa desde un severo golpe hasta ser muerto a golpes. Sabemos lo que le pasó a Jesucristo. Sabemos que fue golpeado en la cara. Juan 19:3 lo dice. Y también sabemos de acuerdo a Mateo 27:30 que los romanos tomaron una caña y lo golpearon en la cara con ella. Lo golpearon en la cara con la caña, golpearon su cabeza y su cara, esto produciría en Él moretones y heridas que pudieran considerarse dentro de esta palabra que es usada y traducida como "molido".¿Qué decimos acerca de la siguiente, "castigo"? ¿Fue Su ejecución una forma de castigo? Lo fue absolutamente. Había una acusación sobre Él. Recordarán que los judíos lo llevaron ante el concilio y llevaron testigos falsos para que dijeran mentiras acerca de Él. La acusación fue de un lugar a otro: de la casa de Anás y Caifás lo pasaron con Herodes, luego lo regresaron, y planearon muchos juicios en los que ellos trataron de presentar esta acusación como si fuera un verdadero crimen. Ellos querían una ejecución así que lo trajeron delante de Pilato. Y Pilato fue intimidado y chantajeado para que sentenciara a Jesús a muerte, y su ejecución fue un castigo oficial hecho por el gobierno Romano. Este era un castigo resultado de una acusación, un juicio, un veredicto, una sentencia. Un castigo formal fue llevado a cabo.

¿Y qué me dicen de la palabra "llaga" o "azote"? ¿Era éste simplemente un término genérico? Bueno de acuerdo con Marcos 15:15, Él fue azotado, o bien le fueron producidas llagas. Todos conocemos esa historia. Un látigo el cual tenía en las puntas de las diferentes tiras de cuero pedazos de roca o de hueso, inclusive de vidrio. Esto significó que laceraron su cuerpo una y otra vez, en repetidas ocasiones.

Los judíos supieron esto. Ellos lo saben ahora. Ellos lo saben en nuestros días. Ellos saben acerca de este hombre llamado Jesús que fue traspasado y herido y castigado y azotado. Ellos conocen esto a la perfección, está en sus registros. Pero en el día de salvación nacional, ellos van verlo en retrospectiva y se darán cuenta que Dios le hizo esto, porque fue Dios quien lo molió. Pero Dios no lo hizo a causa de Su propio pecado, no lo castigó por Su propio pecado, sino por el pecado de ellos. Esta es la diferencia. Ellos confesarán —y amo esto— por nuestras transgresiones, por nuestras iniquidades, para nuestro bien, para que fuéramos sanados.

Esto es lo que va pasar algún día. Ellos van a confesar esto. Pero mientras esto sucede, queridos amigos, la única manera en la que tú puedes ser salvado es confesando esto ahora. Y no puedo continuar más porque se ha acabado el tiempo, así es que quiero que vayamos rápidamente a 2 Corintios 6. En 2 Corintios 6:2, Pablo toma esto de Isaías 49:8, donde podemos leer: "en tiempo aceptable te oí, y en el día de salvación que ayude". Isaías le dio palabra del Señor a la gente: "Éste es el día cuando yo escucharé, este es un día de salvación cuando yo ayudaré". Y entonces Pablo trae esto al presente y dice "he aquí ahora el tiempo aceptable; he aquí ahora el día de salvación".La salvación nacional de Israel está en el futuro. Al final del tiempo que conocemos como tribulación. Pero ahora es el día de la salvación. Ahora es el tiempo aceptable para ustedes, judíos o gentiles. La triste realidad es que entre la muerte de Cristo y el día de salvación de Israel que está en el futuro, una generación tras otra de judíos incrédulos ha pasado a recibir el castigo eterno, para lo cual ya no hay remedio. Y también generación tras generación y nación tras nación de gentiles incrédulos se ha ido a recibir el castigo eterno para lo cual tampoco hay ya remedio.

Al final, habrá un avivamiento en Israel. Al final, en el mismo periodo de tiempo, habrá un avivamiento masivo, una expansión masiva del Evangelio: ángeles en el cielo —de acuerdo al libro de Apocalipsis— predicarán el Evangelio; dos testigos, quienes mueren y resucitan, predicarán el Evangelio; 144 000 judíos predicarán el Evangelio, 12 000 de cada tribu. Israel se convertirá, y la gente llegará a la fe de toda lengua, tribu, pueblo y nación. Habrá un derramamiento enorme del Evangelio.

La gente será salva al final, pero entre ese entonces y ahora, la gente continúa muriendo y yéndose al castigo sin que haya un remedio; se irán a ser castigados por la eternidad. Pero ahora es el tiempo aceptable para ti, ahora es el día de la salvación. Ahora está disponible si tú quieres recibir este regalo. Tal vez este es ese momento. Estábamos equivocados con respecto a lo que pensábamos de Cristo y la realidad era que había muerto por nosotros. Él llevó nuestras enfermedades, nuestros dolores, nuestras calamidades, toda nuestra maldad, y nuestro pecado; pagó por todos los pecados y eliminó todos sus efectos para siempre. Este es el día en el que tú puedes poner tu confianza en el Señor. Confío en que tú harás esto. Inclinemos nuestro rostro para orar.

Oración

Señor, estamos profundamente conmovidos por las increíbles realidades que nos muestra este capítulo. Los detalles que se conocieron y fueron revelados cientos de años antes de que esto sucediera y que sin duda apuntan hacia Cristo y no a ninguna otra persona. Y sabemos que no hay salvación en otro nombre que no sea Cristo. Él fue el que dijo: "Yo soy el camino, y la verdad, y la vida y nadie viene al Padre sino es por mí" (Jn. 14:6). "La fe es por el oír, y el oír, por la palabra de Dios" (Ro. 10:17). Señor, oro para que hoy sea el día de la salvación, el tiempo aceptable para algunos de los que están escuchando esto, para que ellos puedan mirar en retrospectiva y analicen lo que conocen acerca de Cristo, y ahora todo se vuelva para ellos claro como el agua y los lleve a entender que deben volverse a un genuino arrepentimiento, tomando la total responsabilidad por sus pecados y transgresiones, y pidiendo el perdón que solo viene a través de Cristo y esa vida eterna que es la promesa para todos aquellos que creen. Haz tu trabajo, Señor, en nuestros corazones. Llénanos de gozo en las verdades que hemos conocido esta mañana. Y trae aquellos que aún no conocen a Cristo para que lo conozcan hoy.

Más adelante vamos a hablar acerca de las verdades de su resurrección y cómo es que Él murió y resucitó al tercer día. Pero si tu deseo es conocer a Cristo como tu Señor y Salvador, tienes que hacerlo hoy. No lo dejes para después, no lo dejes para un futuro incierto en el que no sabes qué va a suceder.

Padre nuestro, te pedimos que nos ayudes a entender la urgencia de los tiempos en los que vivimos, la urgencia de evangelizar y traer el Evangelio a la gente que necesita tanto escuchar su verdad pero, ¿cómo creerán si no hay quien les prediqué? Ayúdanos a proclamar este glorioso evangelio y decirles a los pecadores que este es el tiempo aceptable. Esta es la hora de gracia. Este es el día de la salvación si ellos vienen. Haz en todos nuestros corazones la obra que nos motiva a la verdadera mejor vida, a las cosas que realmente importan. No hay nada más importante que predicar a Cristo por medio de nuestras vidas, y por nuestro testimonio para que podamos atraer a la gente hacia Él, para que entonces Tú les extiendas Tu gracia y salves a los pecadores en nuestros días. Oramos por eso en el nombre de nuestro Señor Jesucristo. Amén.

REFLEXIONES PERSONALES

06_El siervo sustituto.
Parte 2

iertamente llevó él nuestras enfermedades, y sufrió nuestros dolores;
y nosotros le tuvimos por azotado, por herido de Dios y abatido.

Mas él herido fue por nuestras rebeliones, molido por nuestros pecados;
el castigo de nuestra paz fue sobre él, y por su llaga fuimos nosotros curados.

Todos nosotros nos descarriamos como ovejas, cada cual se apartó por su
camino; mas Jehová cargó en él el pecado de todos nosotros.

Isaías 53:4–6

BOSQUEJO

— Introducción

— Una historia increíble

— La intervención de Dios es innegable

— No solo un pasado asombroso sino un futuro también

— Bendición y juicio al mismo tiempo

— La condición futura supera la bendición y juicio presentes

— Un intercambio no equitativo, muerte por vida

— Nuestra naturaleza es deplorable

— La verdadera causa de su muerte

— Oración

NOTAS PERSONALES AL BOSQUEJO

SERMÓN

Introducción

Ahora vayamos y abramos la palabra de Dios en Isaías 53. Este es nuestro sexto viaje dentro de este maravilloso capítulo. Con cada semana que pasa, conforme examino el texto que está aquí y todos los caminos que nos llevan a otros lugares, se me recuerda qué tan imperecedero es realmente este capítulo. Podríamos pasar toda nuestra vida aquí y estar yendo desde aquí a revisar otras cosas que son implícitas o bien que son inferidas por medio de este gran capítulo. Isaías 53 presenta un reto para cualquier predicador y este es editarse así mismo, de tal manera que no se vuelva tan abrumador, y al mismo tiempo ser tan claro como para no perder el punto. Y personalmente estoy luchando un poco con todo esto.

Y aparte de este reto yo también soy retado porque regularmente me preparo para tener un bosquejo, un sermón completo como el que hice la semana pasada, que cubriera los versículos 4–6. Pero no lo logré. Pasé a través de los versículos 4 y 5, recorrí dos terceras partes del camino, pero no tuvimos suficiente tiempo para ver el versículo 6. Así que tengo aproximadamente un tercio del mensaje que me queda por recorrer. Y bueno esto también me presenta una gran oportunidad para retomar mucho de lo que investigué y colocarlo nuevamente en esta parte del sermón, especialmente las cosas relacionadas y que en mi opinión van a ser de mucha ayuda. Eso también me permite tomar una tangente necesaria que va junto con esta parte del mensaje. Así que voy a hacer con ustedes algo de esto esta mañana.

Para mí es de mucha ayuda tener una perspectiva amplia cuando estoy viendo el pasaje. Y entre más amplia sea la perspectiva que yo tenga más profundamente podré analizar el pasaje. Literalmente me gusta situarme 40,000 pies arriba del pasaje de tal modo que pueda mirar hacia abajo y ver todo lo que contempla este pasaje desde Génesis hasta Apocalipsis, y entonces eventualmente ir bajando desde esa altitud y sacar el tren de aterrizaje para aterrizar en el pasaje que estamos analizando. Esto es lo que vamos a hacer, y quiero llevarlos a alguna altitud y luego les voy a indicar cuándo vamos a sacar el tren de aterrizaje para centrarnos en Isaías 53 y resumir nuestro entendimiento de los versículos 4–6. Así que quiero empezar desde una perspectiva muchísimo más amplia.

Una historia increíble

La historia del pueblo judío es una de las historias étnicas más notables de la historia del mundo. Es una larga e impresionante historia de supervivencia desde el punto de vista de ellos. Y si pensamos que aún encontramos judíos en el mundo, aproximadamente entre 14 y 15 millones de ellos, esto nos hace comprender cómo es que ellos han logrado sobrevivir en contra de todas las circunstancias. Ninguno de nosotros ha conocido a un heteo, o a un jebuseo, o a un amorreo, o cualquier otro de los "-eos" que descienden de Sem, hijo de Noé. La mayor parte de ellos han desaparecido. Pero hay israelitas asentados aquí el día de hoy, algunos de ellos en nuestra iglesia, y muchos de ellos alrededor de todo el mundo. Y son ese linaje puro de judíos que ha pasado a través de la historia del Antiguo y del Nuevo Testamento hasta el día de hoy. Desde su punto de vista esta es una historia de supervivencia. Sin embargo desde el punto de vista de Dios, es una sorprendente historia de preservación.

La intervención de Dios es innegable

Supongo que podríamos exaltar el lado humano de esto y decir: es simplemente un pueblo que se comprometió muy seriamente con la perpetuación de su raza al grado que ellos son el más grande testimonio de un pueblo que desea sobrevivir y no hay otro como ellos en la historia del mundo. Pero desde el punto de vista divino, tendríamos que anular un poquito esto y decir, esta no es una historia de un grupo de seres humanos que están buscando sobrevivir, o que están buscando mantenerse unidos como una nación. Esto es más bien una historia de protección divina y preservación divina. Existen todavía judíos en el mundo debido a que Dios se aseguró de que siempre hubiera judíos en el mundo. Muchos siguen siendo identificados por tribus, aunque ellos no saben con exactitud a qué tribu pertenecen porque todos los registros fueron destruidos en el año 70 d. C. cuando los romanos destruyeron el templo. Dios sabe a qué tribu pertenecen y Dios re-identificará esas tribus y de ahí sacará a 12 000 de cada tribu para constituir a los 144 000 judíos quienes predicarán el Evangelio al final de la historia de la humanidad. Ellos podrán ser identificados con sus tribus originales aún en el tiempo de la tribulación justo antes del retorno de Jesucristo por segunda vez a la tierra. Ellos constituyen una historia notable.

Sí, desde luego que existe un elemento humano dentro de esta historia de supervivencia, pero más importante que ello, está la historia de protección y preservación por medio de la intervención de Dios. Dios ha protegido y ha preservado a este pueblo providencialmente, esto es al ordenar las circunstancias para que ellos puedan sobrevivir. Pero en varias ocasiones Él también los ha protegido de maneras milagrosas, por ejemplo suspendiendo el curso normal de las cosas que operan en el mundo para su protección. Un ejemplo de esto es la división del Mar Rojo y la forma como ellos pudieron caminar sobre tierra completamente seca cuando estaban huyendo del pueblo de Egipto. Así que bajo la providencia de Dios, donde Él ordena las circunstancias, y bajo el poder milagroso de Dios, cuando Él suspende las leyes de la naturaleza, Dios se ha asegurado de que los judíos no se extingan.

Esto es extraordinario. Primero porque ellos son un pequeño grupo de gente. Son un pequeño pueblo. Los judíos son gente excepcional de cualquier forma en que los veamos. En cuanto a su humanidad, son personas muy nobles. Ellos son personas muy excepcionales porque han sido elegidos por Dios para Sus propósitos. Ellos no son lo que son porque se lo hayan ganado. No son lo que son porque ellos hayan trabajado para ello. Son lo que son porque Dios decidió que fuera de esta manera. Y ellos fueron elegidos por Dios para ser bendecidos como nación y, a través de ellos, Dios bendeciría al mundo.

Y ya que los judíos han sido elegidos por Dios para propósitos que aún no se han cumplido, ellos son el objetivo de los enemigos de Dios. Ellos son el objetivo de Satanás, el archienemigo de Dios. Ellos son el objetivo de demonios, quienes son los copartícipes y proveedores de todo tipo de maldad sobrenatural en el mundo. Son presa de los hombres, hombres que están bajo el poder del reino de la oscuridad. Ha habido esfuerzos repetidos, tanto en el nivel demoníaco como en el nivel humano, para eliminar a todos los judíos a través de toda la historia, y esto no ha tenido éxito. Pero ellos son particularmente el objetivo de las fuerzas del infierno y de los humanos que sirven a esas fuerzas para frustrar el propósito final de Dios. Y debo añadir que todos estos esfuerzos han sido infructuosos.

Y cuando pensamos en retrospectiva acerca de su historia, entendemos que este es un pequeño grupo de personas que vivían en un lugar muy vulnerable—esto es en el Medio Oriente—rodeado de todo tipo de poderes paganos quienes a través de toda su historia han querido aniquilarlos. Y nos preguntamos, ¿cómo es que han sobrevivido? En muchas ocasiones ellos pudieron haber dejado de existir. Una hambruna durante el tiempo de Jacob y sus hijos los pudo hacer desaparecer por completo. Ellos pudieron haber desaparecido al morirse literalmente de hambre pero Dios no permitió que esto sucediera. Dios colocó a uno de los hijos de Jacob, por medio de la traición de sus hermanos, en medio del Imperio Egipcio y le dio todo el poder para poder distribuir comida. Y Jacob y sus hijos supieron que estaba disponible. Recordarán que debido a un sueño que tuvo José, Egipto se preparó para esta hambruna y pudo proveer comida no solo para ellos sino también para otras naciones que pudieron haber perecido sin su ayuda. Dios plantó a José, lo hizo a él un intérprete de sueños, para que él pudiera preparar a Egipto para esta hambruna, y de esta manera salvó a Jacob, o bien a Israel.

Y cuando los hermanos de José vinieron para que pudieran comprar comida de las bodegas de Egipto, pudo haber sucedido que José estuviera tan enojado y tan lleno de venganza por el hecho de que ellos lo traicionaron y lo vendieron en esclavitud, que él pudo haber decidido matar a sus hermanos; pero Dios tampoco permitió que esto sucediera. Dios trabajó para que la compasión y el perdón estuvieran presentes en el corazón de José y pudiera perdonar a sus hermanos, y entonces perpetuar a la familia de Jacob.

La familia permaneció en Egipto, creció de ser una pequeña familia —Jacob y su familia— a ser un pueblo de varios millones de personas, 2 millones de personas en la tierra de Gosén. Cuatro siglos tomó para que este pueblo se desarrollara como una nación. Al final de ese período de tiempo las plagas sacudieron a Egipto. Esas plagas tuvieron efectos devastadores y mortales sobre los egipcios. Ellas sin ningún problema pudieron también haber afectado a los hijos de Israel, si no es porque Dios intervino para que esto no sucediera. La mortandad de los primogénitos pudo haber devastado también a los judíos, si Dios no hubiese provisto una forma para que sus primogénitos fueran salvados. Esto fue a través de esparcir la sangre del Cordero del sacrificio en los postes y dinteles de las puertas. Faraón pudo haber masacrado a los judíos cuando escapaban masivamente, y de hecho fue lo que él intentó hacer al perseguirlos. Pero Dios abrió el mar para dejarlos pasar y en este mismo hecho ahogó al ejército completo de Faraón cuando los muros de agua cayeron sobre ellos. Los judíos pudieron haber desaparecido durante los 40 años que vagaron en el desierto. Ellos se rebelaron una y otra vez, pecaron violentamente en contra de Dios por lo cual una generación completa murió y sus cuerpos se secaron en el desierto.

Pero hubo un remanente que pudo llegar a la tierra prometida siendo liderado bajo Josué. Cuando entraron a Canaán, ellos pudieron ser destruidos nuevamente ya que estaban entrando en una tierra desconocida siendo un pequeño grupo de personas; pudieron haber sido destruidos nuevamente porque estaban enfrentando grandes enemigos paganos quienes no querían rendir su tierra y sus propiedades. Los judíos pudieron haber sido destruidos por cualquier cantidad de los enemigos que estaban ocupando la tierra de Canaán la cual ellos querían conquistar. Pero Dios se aseguró de que esto no sucediera. Y esto es demostrado de manera metafórica, en cierto sentido, cuando vemos que un gigante llamado Goliat fue destruido por un pequeño pastor con una piedra y una honda. Así fue como esto sucedió. Israel era como este pequeño pastor con una honda en contra de un gigante en la tierra de Canaán. Pero Dios se aseguró de que sobrevivieran.

Esta no es solo una historia de sobrevivencia humana; es una historia de preservación divina. Cuando ellos llegaron a la tierra y se asentaron allí fueron divididos alrededor de la tierra en diferentes secciones según su tribu, y ustedes saben lo que sucedió. Cayeron en idolatría. Cayeron en la apostasía. Cayeron en la adoración de falsos dioses. Ellos también cayeron en inmoralidad. Y su religión se convirtió en algo superficial e hipócrita. Empezaron a ser absorbidos dentro de la cultura pagana y pudieron nuevamente desaparecer por completo al mezclarse con estas naciones. Pero Dios se aseguró de que eso no sucediera. Ellos pudieron haber desaparecidos para siempre por medio de esos matrimonios mixtos con paganos y entonces su etnia pudo desaparecer.

Y cuando el reino se dividió, 10 tribus se fueron al Norte y se establecieron en lo que fue conocido como Israel, y dos tribus permanecieron en el Sur —Judá y Benjamín— las cuales fueron conocidas únicamente como Judá. En los subsecuentes años no hubo un solo rey bueno en las tribus del norte. Ellos fueron tan rebeldes y tan malvados que Dios trajo juicio sobre ellos. Los asirios llegaron en el año 722 a. C., atacaron y tomaron cautivas a las personas que quedaron vivas de las tribus del norte, y fueron esparcidas al grado que no pudieron regresar nuevamente a su tierra. Desaparecieron por completo al mezclarse con otras naciones. Se desvanecieron y esto hizo que solo quedaran las dos tribus en el sur y algunas personas que pudieron migrar hacia el sur antes de que las tribus del norte fueran destruidas. Así que ahora había gente de cada una de las tribus pero solamente en el sur.

Entonces vinieron los babilonios alrededor del año 600 y atacaron Jerusalén y masacraron a la gente. Y aquellos que no fueron muertos en ese momento fueron llevados cautivos a Babilonia en donde debían mezclarse con la cultura Caldea. Cuando la gente llegaba incluso les cambiaban los nombres para que ya no tuvieran ese sentido de pertenencia, como en el caso de Daniel y sus tres amigos. Les dieron nombres que los conectaban con la cultura de los dioses caldeo/babilonios, y posteriormente los entrenaron dentro del pensamiento de esa cultura. Esto pudo haber significado el final, todo el pueblo de Dios que fue cautivo a Babilonia pudo haber sido literalmente absorbido por medio de matrimonios mixtos y la mezcla de religiones, y haberse perdido para siempre en la historia de la humanidad. Pero esto no sucedió. Nunca fueron absorbidos dentro de la cultura caldea. Setenta años después un remanente muy grande de ellos regresó y fueron restablecidos en su tierra. Así es como ocurrió su historia.

Después, se levantó un rey en Persia. Su nombre era Jerjes (esta era la forma griega de su nombre). Su otro nombre, tal vez por el cual lo conozcan era Asuero. Él reinó en Persia entre el año 486 y el 465 a. C. y ahí seguían los judíos intactos en Persia. Sin embargo, estando allí hubo un intento, por parte de un hombre de destruir a toda la nación de Israel. El nombre de la persona que dirigió este ataque era Amán. Y ustedes recordarán la historia ya que es relatada en el libro de Ester, de cómo es que Dios usó a Ester dentro de este reino persa, solo por un corto tiempo, para salvar a toda la nación judía del genocidio dentro esa tierra. Así que Dios ordenó Su providencia de tal manera que el rey, quien organizó un concurso de belleza, seleccionó a Ester como la ganadora. Ella se convirtió en su esposa y la gracia que ella pudo tener con él salvó al pueblo judío.

Los judíos celebran una fiesta llamada "el festival de Purim". Esta no es una celebración bíblica, no está registrado dentro de la Escritura. Es como la celebración denominada Hannukah, que es otra de las fiestas judías que no se encuentra dentro de la Escritura. Purim es la celebración de esta historia de sobrevivencia. Es una celebración de Ester y cómo los judíos sobrevivieron ante este ataque.

Luego llegó la potencia griega, y Antíoco Epífanes atacó y asesinó a los judíos. Después vinieron los romanos en el 70 d. C. y masacraron cientos de miles de judíos, destruyeron Jerusalén, destruyeron el templo, y luego fueron contra aproximadamente mil poblados y villas en los años subsecuentes alrededor de toda la tierra de Israel, masacrando a la gente. Esto fue después del año 70 d. C. La historia de cómo sobrevivieron es una historia sorprendente de cómo es que Dios les dio su protección.

Vayamos del año 250 d. C. hasta 1933, solo para poder resumirlo. Pueden verificar su historia, todo está perfectamente registrado. Los judíos en todos lugares —especialmente en Europa y yendo hasta el oriente medio y probablemente hasta África— fueron atacados, expulsados de ciudades, expulsados de países, forzados a convertirse bajo amenaza de muerte, esclavizados, perseguidos, masacrados, les confiscaron sus propiedades; incluso fueron forzados a portar un tipo de placa para que pudieran ser denigrados socialmente; fueron puestos delante de inquisidores que simplemente los mataron. En muchísimas ocasiones fueron quemados vivos. Todo esto entre los años 250 y 1933. Y luego tenemos de 1938 a 1945, cuando ocurrió el Holocausto bajo Hitler y varios millones de judíos fueron asesinados. Hoy en día, ellos son el objeto directo de odio acumulado por parte del mundo islámico que quiere aniquilarlos, removerlos del planeta.

No solo un pasado asombroso sino un futuro también

Así que cuando hablamos acerca de cómo sobrevivieron los judíos a través de la historia, estamos hablando de algo que es sumamente sorprendente. Es más que un testimonio de su supervivencia. Es el testimonio de la preservación de Dios y esa es la única explicación. Ellos son un pueblo pequeño, no son un pueblo poderoso. Sí, ahora poseen armas poderosas, pero no ha sido así a través de la historia ya que ellos eran un pueblo pequeño y asediado, un pueblo débil hablando en términos militares. En efecto ellos tuvieron un gran deseo de sobrevivir, pero esta no es la explicación de cómo lo lograron; la verdadera explicación es el propósito de Dios. ¿Cómo es que ellos han sobrevivido como una etnia hasta nuestros días? Y la respuesta es debido a que Dios no ha cumplido su promesa a Abraham y su promesa a David, y su promesa hecha por medio de los profetas de bendecir a Israel con salvación y proveer por medio de Israel bendición a todo el mundo. Esto no pasará hasta que ellos pongan su confianza en Jesucristo como nación, y esto sucederá en el futuro.

Hemos visto esto en Zacarías 12:10: "mirarán a mí, a quien traspasaron, y llorarán como se llora por hijo unigénito". Entonces una fuente de limpieza será abierta delante de ellos. Ellos serán salvados y entonces a través de ellos el mundo será bendecido, esto será cuando el señor traiga su reino (Zacarías 12–14). La futura salvación de Israel es una promesa que se encuentra en el Antiguo Testamento tanto como en el Nuevo. En Romanos 11, un capítulo muy importante, el apóstol Pablo está hablando acerca de este asunto. Él dice: "Porque no quiero, hermanos, que ignoréis este misterio, para que no seáis arrogantes en cuanto a vosotros mismos: que ha acontecido a Israel endurecimiento en parte, hasta que haya entrado la plenitud de los gentiles" (v. 25), esto es, la Iglesia. Cuando "haya entrado la plenitud de los gentiles", en otras palabras, cuando todos los elegidos en la Iglesia sean reunidos todos juntos, cuando esto esté completo, entonces "todo Israel será salvo". Y Pablo dice, "así como está escrito", y entonces da una cita del libro de Isaías, "Vendrá de Sion el Libertador, que apartará de Jacob la impiedad. Y este será mi pacto con ellos, cuando yo quite sus pecados". Esto es citado de Isaías 59.

Así que Pablo está diciendo que llegará un tiempo en el cual la Iglesia estará completa. Y entonces cuando se cumpla esto Israel será salvo; este es el pacto que Dios tiene con ellos. Ellos son preservados para una futura salvación; ellos necesitan ser salvados para que puedan ser bendecidos, porque esta es la promesa de Dios en Génesis 12, y lo repitió una y otra vez a Abraham. No solo para que ellos pudieran ser salvados, y fueran bendecidos por medio de la salvación, sino para que a través de ellos el mundo pudiera ser bendecido también. Cuando ellos sean salvados, el Mesías vendrá, establecerá su reino, y reinará en Jerusalén sobre Israel y sobre todo el mundo. Entonces Israel se convertirá en la nación más poderosa e influyente en todo el mundo y serán una influencia para la paz y para la justicia. No solamente serán bendecidos ellos sino que ellos también bendecirán al mundo. Esta es la promesa de Dios y esto aún no ha sucedido; esta es la razón por la que ellos han sido preservados hasta nuestros días.

Hay otra poderosa realidad que debemos de considerar. Estamos hablando acerca de una nación que por sí misma es vulnerable y débil, y estamos hablando de una nación que es asediada por ataques que provienen desde el infierno y desde la humanidad. Pero también debemos tener en consideración lo siguiente. Ellos no solamente han sobrevivido el odio de las fuerzas del infierno y el odio de las fuerzas de la humanidad, sino que al mismo tiempo han estado bajo juicio divino. Quiero decir que hay tres fuerzas en su contra. Ellos han estado bajo juicio divino. Y esto nos lleva de regreso hasta Deuteronomio, hasta los escritos de Moisés, cuando se encontraban a punto de entrar a la tierra prometida. Dios les dijo: "si me obedecen serán bendecidos". ¿Recuerdan esto en Deuteronomio 27:28? Si me obedecen, los bendeciré. Si no me obedecen, los maldeciré. Y Dios les dijo cuáles serían las bendiciones y cuáles serían las maldiciones; pueden ir allá y leerlas, y esta ha sido su historia. Ellos desobedecieron a Dios, y lo continúan haciendo. Son un pueblo maldecido. Están bajo el juicio de Dios.

Bendición y juicio al mismo tiempo

Así que Dios está preservando exactamente al mismo pueblo al que Él está juzgando. Y Él ha hecho esto desde el principio. Él comenzó el juicio contra ellos desde el Antiguo Testamento y los ha estado juzgando durante toda la historia de la humanidad, preservándolos al mismo tiempo bajo este juicio. El juicio en contra de Israel continúa hasta hoy; el juicio del pueblo judío continúa porque ellos rechazaron a Cristo. Primera de Corintios 16:22 dice: "El que no amare al Señor Jesucristo, sea anatema". Ellos son maldecidos por su desobediencia a través de toda su historia pasada, pero son doblemente maldecidos debido a que rechazaron a Jesucristo. Así que cuando vemos a Israel en nuestros días estamos viendo a una nación que aún no ha experimentado las bendiciones de Dios. Es una nación apóstata. Es una etnia que ha rechazado a Cristo. Su religión no es piadosa. Aseguran adorar al Dios de Abraham, de Isaac y de Jacob pero en realidad ellos no lo han hecho. No pueden, porque no se puede honrar al Padre a menos que se honre al Hijo. Ellos han sido desleales y desobedientes a Dios. Ellos se convirtieron en enemigos del Evangelio, como dice Romanos 11:28. Ellos niegan la Trinidad. El pueblo judío niega la deidad de Cristo. Ellos niegan la verdadera enseñanza del Antiguo Testamento y niegan todo el Nuevo Testamento. Esta no es la fórmula que debían seguir para ser bendecidos. Rechazaron al Mesías. Ellos piensan que los cristianos somos unos blasfemos debido a que adoramos a un hombre quien en sí mismo era un blasfemo. Siguieron la mentira de la salvación por obras y creyeron que por medio del esfuerzo humano podían ser justos. Y es por esto que ellos son un pueblo maldecido en estos momentos. Ellos se encuentran bajo juicio pero al mismo tiempo han sido preservados por Dios.

Si ustedes sugirieran que una nación tan débil y tan pequeña y de tiempos tan antiguos todavía debería de existir, la pura historia les diría que esa idea no tiene sentido. Y si a esto le agregaran el componente del hecho de que ellos han sido atacados por una cantidad muy grande de poderes tanto naturales como sobrenaturales entonces no existiría ni una sola posibilidad para que ellos continuarán existiendo. Y si también a esto le agregaran el hecho que Dios los ha estado enjuiciando durante miles de años entonces tendrían que asumir que su sobrevivencia sería literalmente imposible. Pero ahí están, y Dios los ha preservado para salvarlos como una nación al final de los tiempos.

En Lucas 13, al final del capítulo, Nuestro Señor mira hacia Jerusalén, ciudad que representa a toda la nación, y dice: "¡Jerusalén, Jerusalén, que matas a los profetas, y apedreas a los que te son enviados!" —ellos estaban a punto de matarlo— "¡Cuántas veces quise juntar a tus hijos, como la gallina a sus polluelos debajo de sus alas, y no quisiste! He aquí, vuestra casa os es dejada desierta" (vv. 34–35). Esa casa permanece desolada, el pueblo judío sigue desolado, y no tienen una relación con Dios.

Ahora bien hay judíos que han puesto su fe en Jesucristo, que forman parte de la Iglesia de judíos y gentiles. Pero estoy hablando acerca de la nación en sí misma, el pueblo. Pero Cristo agrega esto al final de Lucas 13:35, "y os digo que no me veréis, hasta que llegue el tiempo en que digáis: Bendito el que viene en nombre del Señor". Vendrá un tiempo en el futuro en el que Israel volteará a ver a Jesucristo y dirá, "bendito el que viene en el nombre del Señor". Ellos reconocerán a su Mesías. Esto es acerca de lo que escribió Zacarías, esto ocurrirá cuando ellos mirarán a Aquel a quien traspasaron, y llorarán como se llora por hijo unigénito, y una fuente de limpieza les será abierta. Esta es su futura salvación.

Los profetas del Antiguo Testamento escribieron acerca de esto y no lo hicieron en términos ambiguos. Quiero enseñarles dos porciones de la Escritura. Vamos a Ezequiel 36. Hay otros dos profetas que sobresalen y desde luego son profetas mayores que estarían junto con Isaías, me refiero a Ezequiel y Jeremías. Y, desde luego, pueden agregar también a Daniel. Pero Ezequiel y Jeremías fueron profetas al mismo tiempo aproximadamente. Ellos profetizaron aproximadamente 100 años después de Isaías y estaban profetizando justo en el tiempo en que los babilonios los estaban atacando. Ezequiel es capturado y llevado a la cautividad alrededor del 597; Jeremías es lanzado a un pozo y acaba escapando hacia Egipto. Así que estaban vivos cuando llegó el holocausto de la invasión babilónica. Sus profecías y mensajes son muy importantes y pertinentes, recibidos de Dios y esparcidos en un tiempo de gran crisis.

Ezequiel 36, tiene una importante declaración. Este es el mensaje que llega por medio de Ezequiel al pueblo de Israel, el pueblo judío. Versículos 16–19, "Vino a mí palabra de Jehová, diciendo:" —y aquí viene la historia— "Hijo de hombre" —este es un título que solo se le da a Ezequiel— "mientras la casa de Israel moraba en su tierra, la contaminó con sus caminos y con sus obras; como inmundicia de menstruosa fue su camino delante de mí". Una descripción muy tosca. "Y derramé mi ira sobre ellos por la sangre que derramaron sobre la tierra; porque con sus ídolos la contaminaron.

Les esparcí por las naciones, y fueron dispersados por las tierras; conforme a sus caminos y conforme a sus obras les juzgué".Y eso es exactamente lo que sucedió. A eso se le llamó la diáspora y todo judío tiene conocimiento acerca de esto. Así fue como comenzó la deportación babilónica. Algunos regresaron para reconstituir la nación, pero esto fue solo el principio de la dispersión. Y aún después de la reconstrucción y restauración de la nación, el judío fue esparcido a los rincones más lejanos del mundo como nosotros sabemos. Y eso es parte del juicio en contra de ellos.

Sin embargo, noten el versículo 20: "Y cuando llegaron a las naciones adonde fueron, profanaron mi santo nombre". ¿Qué quiere decir esto? Que cuando ellos fueron esparcidos alrededor del mundo, profanaron el santo nombre de Dios porque la gente decía, ¿qué tipo de Dios es ese que ni siquiera puede mantener a su gente dentro de su tierra? Literalmente se burlaron de Dios.

Las naciones se habían burlado de Dios, el Dios de los judíos había sido avergonzado por las naciones a las cuales ellos fueron esparcidos durante toda la historia de la humanidad. Es por eso que en el versículo 21 Dios dice: "Pero he tenido dolor al ver mi santo nombre profanado por la casa de Israel entre las naciones adonde fueron". Los judíos alrededor de todo el mundo han sido amenazados a través de toda su historia. Fue difícil que el resto de las naciones pudieran ver la grandeza, la gloria, y el poder de su Dios. Él no pudo ni siquiera mantenerlos dentro de su propia tierra. Y si tú le preguntas a alguien en el Medio Oriente hoy en día: "¿quién tiene al Dios más poderoso, el islam o el judaísmo?" ¿Qué crees que contestarían ellos? "El Dios que tiene el dinero, las armas, el poder, y la población más grande es Alá". Esta es una imagen de la profanación del nombre del Dios verdadero en la dispersión de los judíos a lo largo de la historia.

El versículo 22 es la consecuencia: "Por tanto, di a la casa de Israel: Así ha dicho Jehová el Señor: No lo hago por vosotros, oh casa de Israel", —no se trata de ustedes— "sino por causa de mi santo nombre, el cual profanasteis vosotros entre las naciones adonde habéis llegado". Tengo que hacer algo para ganar nuevamente mi reputación. Eso es lo que Dios está diciendo. Y en el versículo 23: "Y santificaré mi grande nombre, profanado entre las naciones, el cual profanasteis vosotros en medio de ellas; y sabrán las naciones que yo soy Jehová, dice Jehová el Señor, cuando sea santificado en vosotros delante de sus ojos".La única manera en la que yo voy a poder desplegar mi gloria dentro de las naciones es hacerlo mediante ustedes. ¿Cómo es que yo voy hacer esto? Primero, versículo 24: "Y yo os tomaré de las naciones, y os recogeré de todas las tierras, y os traeré a vuestro país". Y ya tenemos un adelanto de eso. En 1948 ellos regresaron, y reconstruyeron su nación. Esto es un hecho incontrovertible. Esta no es la salvación de Israel, esto es simplemente un adelanto, y un indicador de lo que está por venir. Los traeré de regreso, y entonces sucederá. Cuando los regrese a su tierra —y esto parece que está muy cerca, ¿no es así?— judíos de todo el mundo inmigrarán e irán de regreso a su nación. Algunos de ellos han llegado a Cristo de manera individual; algunos de ellos han aceptado el Evangelio, y han aceptado a Jesucristo como su Mesías. Sin embargo, como nación, se mantienen en contra de Cristo. Pero en los versículos 25–27 tenemos la clave. Hablando del pueblo, de la nación, de la casa de Israel, dice que llegará un día futuro en el que "Esparciré sobre vosotros agua limpia, y seréis limpiados de todas vuestras inmundicias; y de todos vuestros ídolos os limpiaré. Os daré corazón nuevo, y pondré espíritu nuevo dentro de vosotros; y quitaré de vuestra carne el corazón de piedra, y os daré un corazón de carne. Y pondré dentro de vosotros mi Espíritu, y haré que andéis en mis estatutos, y guardéis mis preceptos, y los pongáis por obra". Esta es una declaración de salvación y, como pueden ver, esto es dramático.

Preocupado por su santo nombre, para reivindicar su fidelidad y demostrar su gloria, Dios salvará un día a los judíos. Actualmente está en el proceso de reunirlos nuevamente, y en el futuro los salvará. Ahora, vean los componentes de esto. Estos son los elementos de la salvación. Versículo 25: "Esparciré sobre vosotros agua limpia, y seréis limpiados de todas vuestras inmundicias; y de todos vuestros ídolos os limpiaré". Esta es la salvación, es un lavado que regenera, ¿no es así? Es la limpieza, una santificación. Y entonces en el versículo 26: "Os daré corazón nuevo". Eso es regeneración. Podríamos decir que la limpieza es la santificación, y el corazón nuevo es la regeneración. Un nuevo corazón significa vida. Y les daré un nuevo espíritu, una nueva disposición, una nueva actitud, una nueva naturaleza, una nueva mente, nuevos afectos… Esto es la conversión. Les daré un poder nuevo. ¿Qué es esto? "Pondré dentro de vosotros mi Espíritu". Y ese poder del Espíritu dentro de ustedes, causará que sean capaces de caminar en mis estatutos y sean muy cuidadosos en cumplir mis ordenanzas. Un nuevo comportamiento, literalmente obediencia.

La condición futura supera la bendición y juicio presentes

Una nueva condición, esto es, la santificación del pecado. Un nuevo corazón, regeneración. Una nueva disposición o espíritu, esto es conversión. Un nuevo poder, el ser habitados por el Espíritu Santo. Un nuevo comportamiento, u obediencia. Y todo esto llegará a Israel en el futuro para cumplir con la salvación prometida. Esto me encanta, el versículo 28: "Habitaréis en la tierra que di a vuestros padres, y vosotros me seréis por pueblo, y yo seré a vosotros por Dios". Y continúa en el versículo 29: "Y os guardaré de todas vuestras inmundicias". Un poco más abajo en el versículo 31, Dios dice: "Y os acordaréis de vuestros malos caminos, y de vuestras obras que no fueron buenas; y os avergonzaréis de vosotros mismos por vuestras iniquidades y por vuestras abominaciones". Todas estas son palabras de verdadero arrepentimiento, ¿no es así? Ellos van a considerar sus pecados y transgresiones pasadas y van a escuchar el evangelio. ¿De quién lo escucharán? De los 144 000 judíos que lo esparcirán a los gentiles de toda lengua, tribu y nación que se encuentre en el tiempo de la tribulación; de los ángeles en los cielos; de los dos testigos.

El Evangelio se encontrará por todas partes durante el tiempo final de este juicio divino sobre la tierra antes del regreso de Cristo. Escucharán el evangelio; reconocerán su pecado; se arrepentirán de él; voltearan a ver a Aquel a quien traspasaron; llorarán como se llora por hijo unigénito. Serán santificados, regenerados, convertidos, y recibirán poder del Espíritu para poder convertirse en seguidores obedientes de Cristo. Esta será la realidad. En el versículo 32 dice: "No lo hago por vosotros, dice Jehová el Señor, sabedlo bien; avergonzaos y cubríos de confusión por vuestras iniquidades, casa de Israel". Esto es salvación; es la salvación prometida a Israel y aquí vemos una verdadera conversión para la gloria de Dios.

Ahora quiero que vean Jeremías 31:31-32. Este es el clímax de la profecía de Jeremías. Dice: "He aquí que vienen días, dice Jehová, en los cuales haré nuevo pacto con la casa de Israel y con la casa de Judá. No como el pacto que hice con sus padres el día que tomé su mano para sacarlos de la tierra de Egipto; porque ellos invalidaron mi pacto, aunque fui yo un marido para ellos, dice Jehová". ¿Qué pacto es ese? Ese es el pacto de la ley, el pacto mosaico dado en el Sinaí. Pero como sabemos, ellos rompieron este pacto aun antes de que Moisés bajara y se lo diera a conocer. Cuando bajó del monte, sosteniendo las tablas en sus manos, ellos ya lo estaban rompiendo. No lo pudieron guardar; es un pacto que nadie pudo guardar. Así que "voy a darles un nuevo pacto. Voy a hacer con ustedes un nuevo pacto, no como el otro".¿Cuál es la naturaleza de este nuevo pacto? Versículo 33, "Pero este es el pacto que haré con la casa de Israel después de aquellos días", al final de la historia. Aquí está la diferencia: esa ley estaba fuera de ellos, este es diferente, porque "Daré mi ley en su mente, y la escribiré en su corazón; y yo seré a ellos por Dios, y ellos me serán por pueblo" —algo que Ezequiel había dicho— "Y no enseñará más ninguno a su prójimo, ni ninguno a su hermano, diciendo: Conoce a Jehová". El evangelismo concluirá en Israel porque todos ellos conocerán al Señor. "Porque todos me conocerán, desde el más pequeño de ellos hasta el más grande, dice Jehová; porque perdonaré la maldad de ellos, y no me acordaré más de su pecado" (v. 34). Esta es la conversión de la nación. Los componentes son los mismos, existen el perdón, la regeneración, la conversión, el verdadero conocimiento y la obediencia. Se darán cuenta de que son miserables pecadores, y creerán que el Señor Jesús es el único Salvador. Ellos creerán colectivamente, como una nación; pero esto en sí mismo, queridos amigos, es un testimonio de la soberanía de Dios en la salvación. La única manera en que individualmente la gente puede ser salva es por medio del trabajo soberano de Dios. La única manera en la que una nación puede ser salvada —y ésta es la única nación a la cual se le prometió salvación en un momento— será por medio de la obra soberana de Dios, porque no todo judío individual va llegar a la misma conclusión por un acto personal de su propio albedrío al mismo tiempo. Es Dios quien los salvará.

Y sorprendentemente, este nuevo pacto fue hecho con Israel; pero Israel rechazó a su Mesías. Después de la muerte y la resurrección de Cristo, el nuevo pacto fue abierto a todo mundo. "No me avergüenzo del evangelio, porque es poder de Dios para salvación a todo aquel que cree; al judío primeramente", —cronológicamente— "y también al griego" —o gentil— (Ro. 1:16). De acuerdo a Romanos 10:13, la salvación es para el judío o para el gentil: "todo aquel que invocare el nombre del Señor, será salvo". Así que el nuevo pacto ha sido ratificado en la muerte de Jesucristo y extendido desde el pasado de Israel hasta la iglesia. No había iglesia cuando esto fue prometido a ellos, pero ahora la Iglesia está aquí y es salvada de la misma manera, por el mismo nuevo pacto. Esta es la razón por la cual Pablo en 2 Corintios 13:6 dice "somos ministros del nuevo pacto". Y Pablo estaba hablando a gentiles cuando dijo esto a los Corintios.

Y después de que la plenitud de los gentiles entre al nuevo pacto, entonces vendrá la salvación para Israel. El versículo 31 habla acerca de la reconciliación y dice: "He aquí que vienen días, dice Jehová, en los cuales haré nuevo pacto con la casa de Israel y con la casa de Judá". El versículo 33 habla acerca de la regeneración, "Daré mi ley en su mente, y la escribiré en su corazón; y yo seré a ellos por Dios, y ellos me serán por pueblo". Esto habla acerca de conocimiento; ellos van a tener verdadero conocimiento porque conocerán al Señor. También habla acerca de perdón y vemos que todos estos son componentes de la salvación.

Ahora, una vez que tenemos toda esta información, vamos a aterrizar. Regresemos a Isaías 53, cuando habla de que ellos llegarán a este punto en el futuro y de cómo es que ellos harán esta confesión que se encuentra aquí en Isaías 53; estas serán sus palabras. Y vamos a nuestro pasaje en los versículos 4–6. Ellos mirarán en retrospectiva a Cristo, a quien traspasaron. Van a reevaluar su actitud porque no creyeron en Él. El versículo 1 dice: "¿Quién ha creído a nuestro anuncio?"Muy pocos. ¿Quién entendió la realidad de la revelación acerca del brazo del señor, el poder de Dios en el señor Jesucristo? Muy pocos. No fuimos impresionados por su origen, fue como una rama de renuevo, Él era como una raíz de tierra seca. No nos impresionamos con Su vida porque Él no manifestó abiertamente Su majestad. Nada acerca de Él nos atrajo. Y ciertamente tampoco fuimos impresionados con Su muerte. "Despreciado y desechado entre los hombres, varón de dolores, experimentado en quebranto". Fue tan despreciable su muerte que ni siquiera nos atrevimos a mirar. Él fue despreciado y pensamos que no valía nada, que no era nadie. Eso fue lo que pensamos.

Un intercambio no equitativo, muerte por vida

Pero ahora, todo ha cambiado. Ahora sabemos que todos esos dolores, todos esos sufrimientos fueron por nosotros. Estamos seguros de que Él llevó todos nuestros dolores y enfermedades. Llevó todo esto para nuestro beneficio. Lo tuvimos por herido, azotado y abatido por Dios. Pensamos que Dios lo estaba castigando por Su blasfemia. Ahora sabemos que Él fue traspasado por nuestras transgresiones, golpeado por nuestras iniquidades, maltratado para nuestro beneficio, castigado por nuestra paz, y por sus llagas fuimos nosotros curados. Un cambio radical en cuanto a la forma de estimar a Cristo. Ellos admitirán su horrible error en aquel día futuro. Lo confesaran. Conocen la historia de Jesucristo, saben que fue traspasado; saben que fue molido o magullado; saben que fue castigado al final de su juicio injusto; saben que fue llagado. Esto es parte de su historia; todo judío sabe esto.

Pero un día van a admitir que no fue por Sus blasfemias, sino por las de ellos. Ellos van a decir "ahora entendemos nuestras transgresiones, entendemos nuestras iniquidades". Nuestras transgresiones, nuestras iniquidades, todas son negativas. Ellos confesaran que Jesucristo fue castigado por Dios debido a las transgresiones del pueblo judío. Esto significa violaciones; "transgresiones" significa un paso más allá de la línea establecida, violar la ley de Dios. "Iniquidades" es una palabra diferente. Esencialmente es una palabra que significa tener doblez, ser torcido como una espiral, estar chueco. Son perversiones. Ahora sabemos que sufrió por nuestras violaciones y por nuestras perversiones. Esto es lo negativo.

Lo positivo es que Él sufrió para que nosotros fuéramos salvados. Noten en el versículo 5: "Y por su llaga fuimos nosotros curados". Aquí está lo positivo; Él murió bajo el peso del castigo de Dios en contra de nuestras transgresiones y nuestras iniquidades, nuestras violaciones y nuestras perversiones. Y al hacer esto, Él pagó para nuestro beneficio y para que fuéramos sanados. Cuando dice "el castigo de nuestra paz", la palabra para "paz" en hebreo es *shalom*. Esta palabra significa una bendición total, plenitud espiritual, salud espiritual. Digámoslo de esta manera la muerte del médico fue de beneficio para el paciente. Nosotros éramos pecaminosos por lo tanto enfermos, adoloridos, culpables... Culpables de violaciones, culpables de perversiones, separados de Dios, no teníamos paz, no teníamos salud espiritual. Pero Él tomó nuestros pecados y nuestros dolores y nuestras tristezas y todo lo que viene junto con el pecado y Se colocó voluntariamente bajo el juicio de Dios para ser castigado por nuestros pecados, y entonces adquirir nuestra paz con Dios y nuestra verdadera bendición.

Así hará toda la nación de Israel, o al menos un tercio, después de que dos tercios de los rebeldes sean eliminados, según Zacarías. Un tercio de la nación confesará su largo rechazo de Cristo, su enorme blasfemia en contra Dios, y entonces serán salvos. Esta es la sorprendente realidad del futuro para la nación de Israel.

Hay otra cosa que quiero hacer ahora y es ayudarles a ver al versículo 6 desde otra perspectiva. En el versículo 6, tenemos el más profundo reconocimiento del pecado. Ellos hablan acerca de sus actitudes; lo harán cuando ellos digan: "Tuvimos un concepto equivocado de Él, nosotros lo estimamos, o bien lo consideramos, o bien pensamos acerca de Él, o lo reconocimos de manera errónea". En otras palabras, nuestro pensamiento era corrupto, estábamos equivocados en como lo consideramos. Ellos hablan acerca de comportamientos, es decir, las transgresiones e iniquidades. Y hablan acerca de sus depravaciones, esto es lo que los pecadores reconocen. Les hace falta bienestar; les hace falta *shalom*; les hace falta paz con Dios. Ellos no tienen un pacto de paz —como lo llama Isaías 54— el cual no pueda ser alterado. A ellos también les hace falta plenitud, salud espiritual; están enfermos. El capítulo 1, hablando de Su pueblo dice: "Desde la planta del pie hasta la cabeza no hay en él cosa sana", enfermos en pecados.

Nuestra naturaleza es deplorable

De este modo ellos entienden todos estos asuntos, su pensamiento corrupto, su comportamiento corrupto, y la ausencia de todo lo que es bueno. Ellos lo saben, pero hay algo más que un pecador debe entender y esto no es solamente un asunto de cómo es que piensa, o sus actitudes; esto no se trata solo de lo que hacemos; esto no es solo un asunto de lo que nos hace falta. La confesión del pecado nos lleva al fondo del asunto, es un asunto de quienes somos. El problema está en nuestra naturaleza y ahí es donde el versículo 6 inicia; está dentro de nuestra naturaleza. Esto es más profundo de lo que muchos pueden reconocer cuando leen este versículo. Esta parte de la confesión no está tomando en cuenta las manifestaciones de pecados sino más bien su causa .Ahí es donde está el problema. "Todos nosotros nos descarriamos como ovejas, cada cual se apartó por su camino". Y Él dice que esto está dentro de nuestra naturaleza, las ovejas actúan como ovejas; las ovejas no pueden actuar como otra cosa, simplemente actúan como ovejas. Nosotros estamos actuando consistentemente con nuestra naturaleza y de hecho esto encuentra su paralelo en las ovejas. Las ovejas son tontas, no se pueden defender a sí mismas, y vagan sin saber por dónde. Ellas no forman parvadas como los gansos, no forman una manada como el ganado; no permanecen juntas. Así es que esta es una muy buena analogía para entender cómo es que tenemos la tendencia de vagar lejos de lo que nos produce seguridad y provisión. Simplemente vagamos, no en un grupo sino de manera solitaria, cada quien se va por su propio camino. Ellas siguen sus impulsos internos que las llevan lejos de todo lo que es seguro y que les es beneficioso, que les ayuda. Nuestro problema está en lo profundo de nuestra naturaleza. Somos con ovejas, tontas, sin defensa y vagamos a la deriva.

Recuerden que en Mateo 9:36 Jesús, mirando hacia la gente, dice: "son como ovejas sin pastor". Van por su propio camino, siguiendo su propia ruta pecaminosa, según les dicta su naturaleza. Ellas siguen su intuición de acuerdo a lo torcidas que quedaron después de la caída. Eso es lo que hacen los pecadores, quiero decir, ¿cuántas opciones tienen los pecadores? Hoy en día, ¿cuántas opciones tienes? No hay nada nuevo, puedes seguir tus propios caminos sin Jesucristo, siguiendo tu voluntad; puedes seguir la ruta del pecado que mejor te parezca. Irás por tu propio camino como lo hacen las ovejas, y tal vez habrá algunos otros que estén yendo por tu mismo camino, de modo que llegará un momento en que choques con ellos. Pero todo es muy personal e independiente; de hecho así es como funcionan las ovejas.

Esto es parte de una verdadera confesión amigos. Este es genuino arrepentimiento que reconoce que las evidencias del pecado demuestran que tenemos una naturaleza del pecado. Reuniendo toda esta culpa y el castigo justo, y muriendo no solo por lo que nosotros hicimos sino por lo que nosotros somos, Jesús lleva todo el peso de nuestra pecaminosidad sobre Sí mismo en el sentido de que Él recibe el castigo de Dios. Esto es lo que los versículos dicen al final: "mas Jehová cargó en él el pecado de todos nosotros". Nuestros malos hechos, nuestros malos pensamientos, nuestras malas depravaciones y nuestra mala naturaleza; el Siervo de Jehová lleva el peso completo del castigo por todo eso. Esto es lo que dice; el Señor ha causado que la iniquidad de todos nosotros caiga sobre Él. El Señor Dios mismo eligió el Cordero sacrificial, el Siervo, el Mesías. El Siervo Mesías estuvo dispuesto a someterse voluntariamente y convertirse en el sustituto vicario. Dios causó que Él cargara toda la culpa que nos pertenecía y soportó por completo la furia de la ira divina.

Cinco formas diferentes en las que estos versículos hablan de la provisión vicaria y sustitutoria de Jesucristo, quien murió en nuestro lugar; este es el corazón del Evangelio.

La verdadera causa de su muerte

Y ahora, solo una nota más, no fue el pecado el que lo mató; fue Dios quien lo mató. No fue el pecado. Él no cometió ningún pecado; de hecho Él era sin pecado, santo, no hizo daño a nadie, no había en Él engaño, Él estaba completamente separado del pecado. El pecado no mató a Jesús. Dios mató a Jesús para pagar por el pecado que nunca cometió, sino que tú y yo cometimos.

Jesucristo no murió como una influencia moral, mostrando el poder del amor. Jesucristo no murió como un ejemplo de sacrificio por una noble causa. Jesucristo no murió para mostrar su victoria sobre el pecado. (Esta fue una teoría que apareció alrededor del 1930 y permanece por ahí: es la idea de que Jesucristo murió para ganar la victoria sobre los poderes hostiles y para liberar a la humanidad y al cosmos de la injusticia social). Jesús no murió porque nosotros fuéramos víctimas atrapadas en circunstancias injustas y necesitábamos ser rescatados.

Solo hay una manera de comprender la muerte de Cristo y esto es bajo el principio de pena sustitutoria. Él fue nuestro sustituto para llevar la pena por nuestros pecados, para satisfacer la justicia de Dios. El Nuevo Testamento afirma esto en 2 Corintios 5:21: "Al que no conoció pecado, por nosotros lo hizo pecado, para que nosotros fuésemos hechos justicia de Dios en él". Pedro lo dice de esta manera, "llevó él mismo nuestros pecados en su cuerpo" (1 P. 2:24). Pablo dice en Gálatas 3 que Cristo fue "hecho por nosotros maldición" (v. 13). Esta es la afirmación que hace el Nuevo Testamento acerca de la verdad que vemos en Isaías 53. Vemos entonces que Dios no ha tratado con nosotros de acuerdo a nuestras iniquidades, Él no ha tratado con nosotros de acuerdo a nuestras transgresiones. Tampoco quiere decir que ha pasado por alto nuestro pecado. En vez de eso, Él castigó a Su hijo, el Siervo, el Mesías, en nuestro lugar y entonces la gracia reinó sobre la justicia.

Esta será la confesión que Israel hará en el futuro, pero esta también es la confesión que cualquier pecador puede hacer hoy, y tú también la puedes hacer en este momento. Recuerden 2 Corintios 6:2: "He aquí ahora el tiempo aceptable; he aquí ahora el día de salvación". Nuevamente vemos que son palabras que se toman de Isaías. Hoy es el día; ahora es el tiempo de salvación.

Pablo dice en Romanos 10:11–13, citando nuevamente a Isaías: "Todo aquel que en él creyere no será avergonzado. Porque no hay diferencia entre judío y griego, pues el mismo que es Señor de todos, es rico para con todos los que le invocan; 13 porque todo aquel que invocare el nombre del Señor, será salvo". Esto es ahora; este es el tiempo aceptable. Esto significa que Dios te aceptará ahora. Este es el día de la salvación.

Oración

Padre, una vez más hemos pasado por las riquezas de este increíble capítulo. Y a pesar de que hemos tocado solo ligeramente el versículo 6, estamos asombrados con la tremenda realidad que es el punto de esta maravillosa sección de escritura, y esto no es un simple ejercicio de aprendizaje. Esto no se trata acerca de información; esto es acerca de la salvación. Y oro por la gente que el día de hoy comprende por completo el Evangelio, que entiende el sacrificio de Cristo, judíos o gentiles. Oro para que el día de hoy sea el día de salvación. Que este tiempo aceptable se convierta en su tiempo; aún esta mañana, que ellos se vuelvan hacia Cristo, y clamen a su nombre para salvación. Salva a los pecadores ahora, Señor, para la gloria de Tu nombre. Padre, realiza ese trabajo en sus corazones, y oramos en este momento el nombre de Cristo. Amén.

REFLEXIONES PERSONALES

07_El siervo en silencio. Parte 1

Angustiado él, y afligido, no abrió su boca; como cordero fue llevado al matadero; y como oveja delante de sus trasquiladores, enmudeció, y no abrió su boca.

Por cárcel y por juicio fue quitado; y su generación, ¿quién la contará? Porque fue cortado de la tierra de los vivientes, y por la rebelión de mi pueblo fue herido.

Y se dispuso con los impíos su sepultura, mas con los ricos fue en su muerte; aunque nunca hizo maldad, ni hubo engaño en su boca.

Isaías 53:7–9

BOSQUEJO

— Introducción

— Profecías del Mesías

— El sacrificio del Mesías

— La salvación de Israel

— El sacrificio aceptable

— El último profeta del Antiguo Testamento

— El silencio del Mesías

— Oración

NOTAS PERSONALES AL BOSQUEJO

SERMÓN

Introducción

Les pido si pueden abrir sus Biblias para ir al capítulo 53 de Isaías. Para aquellos de ustedes que están solo este fin de semana debido a las graduaciones, quizás para el día de madres, les pido una disculpa por el hecho de que ustedes van a saltar literalmente a la mitad de nuestro viaje en este capítulo. Esto es porque estoy predicando una serie de sermones que van ligados fuertemente entre ellos y usted se va a perder parte de todo lo que hemos dicho anteriormente, pero espero que esto le sirva a usted de aliento y de motivación para ir a ver lo que ya hemos dicho. Siempre me siento en la necesidad de dar un pequeño trasfondo para que te pueda acelerar y llevarte a una velocidad adecuada para ver este pasaje.

Después de haber predicado por alrededor de más de 40 años el Nuevo Testamento, hemos llegado a nuestro estudio del Antiguo Testamento. Estamos siendo ampliamente retados en este estudio y pienso que al final seremos profundamente bendecidos. Estamos hablando acerca de Cristo pero desde la perspectiva del Antiguo Testamento, vemos que lo podemos encontrar en todos lados pero estamos comenzando en el lugar donde Él es revelado de una forma maravillosa y de la manera más completa y esto es en el capítulo 53 de Isaías. De hecho la revelación de Nuestro Señor comienza en el capítulo 52, versículo 13, y va hasta el 53, versículo 12. Existen así como estrofas en este poema acerca del siervo, si es que lo podemos llamar así. Este es un poema o una alabanza y tiene su letra. Si se lee en el hebreo tiene su ritmo al momento que se lee. Es la alabanza acerca del siervo. Esta es la cuarta alabanza acerca del siervo que fue escrita por Isaías. En la segunda mitad de la profecía de Isaías, del capítulo 40 días del final del 66, se enfoca en la salvación y esta es mostrada como dependiente del Salvador. Y de este modo Isaías nos introduce a la sección que es acerca del Salvador. Existen otros lugares dentro de esta profecía donde se refiere al Salvador, en el capítulo 7se hace referencia al nacimiento virginal del Salvador. Y yendo al capítulo 9se identifica al Salvador de muchas formas maravillosas, el Poderoso Dios, el Príncipe de Paz, el Padre de la Eternidad, el Hijo que nos es nacido, y aquí se nos dice que sobre sus hombros está el gobierno eterno. Así es que hay mucho que tenemos que decir acerca del Mesías.

Profecías del Mesías

En particular en la segunda mitad de la maravillosa profecía hay cuatro poemas. Uno en el capítulo 42, otro en el capítulo 49, otro en el capítulo 50 y luego este tratamiento muy especial acerca del Mesías en el capítulo 53. Y en cada uno de estos cuatro capítulos Isaías nos dice cosas acerca del Mesías.

Ahora debemos recordar que todos estos fueron escritos 700 años antes de que llegara el Mesías, 700 años antes de Jesucristo Isaías está entregando esta profecía. No son profecías vagas acerca de Él, sino que son específicas, especialmente en el capítulo 53. En el capítulo 42, el Mesías es presentado bajo el título "el siervo de Jehová, el siervo del Señor, o el esclavo del Señor". La palabra que se usa para referirse a un esclavo en el hebreo es la palabra EBED. Este siervo, este Mesías, es el que vendrá, de acuerdo al capítulo 42, será elegido por Dios, el Espíritu Santo le dará poder. Él traerá justicia y rectitud al mundo. Él traerá la salvación al mundo. Él libertará a los prisioneros ciegos que están en los pozos de oscuridad del pecado. Esta es la forma en la que fue descrito en el capítulo 42. En el capítulo 49 aprendemos un poco más acerca de su humanidad, Él será un hombre. Incluso hay una referencia acerca de cómo es que nacerá de una virgen, salvará a Israel y traerá la salvación a las naciones del mundo, y finalmente será glorificado.

El capítulo 50 nos dice un poco más acerca de cómo será humillado. Y el capítulo 50 introduce este componente, Él sufrirá humillación a través de la cual aprenderá obediencia y finalmente será reivindicado. Pero cuando llegamos al capítulo 50 los detalles son más completos y más sorprendentes que aquellos que encontramos en profecías más tempranas. Conforme llegamos al capítulo 52 versículo 13 y hasta el 53 versículo 12 empezamos a enfocarnos en la venida del Mesías y está descrita con una precisión que nos hace entender que esto solo puede provenir de Dios, recuerden, 700 años antes de que suceda. Vemos la elección del Mesías y cómo bajó el poder del Espíritu Santo, vemos que traerá justicia y salvación al mundo, un hombre, nacido de una virgen, un hombre que aprende obediencia a través de la humillación, a través del sufrimiento, como el capítulo 50 lo indica, y también vemos al Mesías quien muere como un sacrificio por los pecados. Esto es lo que encontramos de manera única en el capítulo 53. Aquí en este capítulo, los judíos son avisados, 700 años antes de que el Mesías llegue a la tierra, acerca de quién será el Cordero sacrificial puesto por Dios. Esta declaración es hecha en el versículo 7. Él fue oprimido y fue torturado a pesar de que no abrió su boca como un cordero degollado y como una oveja que está en silencio delante de sus verdugos, así es que Él no abrió su boca. Es un cordero llevado al matadero. Y aquí no en términos vagos o términos inciertos, no de manera simbólica sino en una declaración directa se nos dice que el Mesías será sacrificado como un cordero llevado a la muerte y permanece en silencio del mismo modo que un cordero permanece en silencio.

Estas imágenes son algo con lo que los judíos están muy familiarizados y si escuchan esta profecía ellos pueden entender. Ellos vivieron en tiempos muy antiguos en una sociedad agraria, una sociedad que entendía sobre las cosechas, acerca de lo que eran los granos, y lo que eran los viñedos al lado de las montañas. Ellos también estaban muy familiarizados con todo lo que era el cuidado de animales y especialmente el cuidado de las ovejas, las ovejas eran la parte principal de su vida. Ya fuera por la lana que ellas producían, o por su carne, ellas eran de importancia vital en su sistema de vida. No solo las trasquilada sino que también se les servían de alimento. Eran trasquilaban y eran sacrificadas, esto es lo que era algo muy familiar en los tiempos antiguos de la tierra de Israel. Ellos mataban ovejas para comerlas y también las trasquilaban para fabricar sus ropas.

El sacrificio del Mesías

Aquí les es presentado su Mesías como el cordero sacrificado. El sacrificio es parte de una realidad, el cordero es una analogía. Aquí se está diciendo en el versículo 7 que el Mesías será oprimido, será afligido, estará en silencio, y será sacrificado. Él estará calmado y en silencio cuando sea sacrificado. Del mismo modo que una oveja está en silencio cuando está siendo sacrificada y en silencio también cuando ella está siendo trasquilada. Dos veces en el versículo 7 leemos que Él no abrió su boca.

Ahora recuerden a pesar de que este capítulo mira hacia delante a la muerte de Cristo, este también mira hacia atrás desde la conversión de Israel hasta el final de la historia de la humanidad, y esta es la razón por la que los verbos están en pasado. Él fue oprimido. Él fue afligido. Él no abrió su boca. Todas estas son perspectivas en tiempo pasado porque todo lo que se está diciendo acerca de la muerte de Jesucristo está siendo dicho no solamente mirando hacia adelante desde el punto de vista de Isaías, sino también viendo hacia Galaad desde la futura conversión de Israel cuando ellos vieron a aquel a quien ellos traspasaron, como dice Zacarías 12, y ellos lloran por Él como el primogénito. Esta es la perspectiva de la redención de Israel en el futuro, que aun no ha sucedido en la historia de la humanidad cuando ellos mirarán hacia atrás y se darán cuenta de que Él fue oprimido y afligido y fue llevado como un cordero al matadero. Él estuvo en silencio y todo esto por sus transgresiones así como el versículo 8 lo declara.

Así que nosotros tenemos la más maravillosa perspectiva en este capítulo; al mismo tiempo que es una profecía de la Cruz, esto es solamente en segundo plano una profecía de la Cruz, primariamente es una profecía acerca de la futura conversión de Israel y esto es lo que ellos van a decir cuando hagan una verdadera confesión y se arrepientan de haber rechazado a Jesucristo, y afirmen su fe en Él como su Salvador y Redentor. Esto es lo que ellos digan; las palabras de Isaías 53 son su confesión. De este modo es una profecía sorprendente que mira más allá de la Cruz y también más atrás de la Cruz, describiendo no solo la futura confesión de Israel, sino que también la futura salvación de Israel y estas son las mismísimas palabras que ellos van a decir; pero de manera secundaria, da detalles acerca de la Cruz la cual ellos confesarán y por medio de la cual todos nosotros los que somos creyentes ya hemos llegado a confesar. Esto es lo que Israel confirmará un día en el futuro cuando tengan una perspectiva correcta acerca de Jesucristo; nosotros los que somos creyentes en esta generación tanto judíos como gentiles ya lo hemos afirmado. Nosotros somos salvos debido a que hemos creído que Él fue traspasado por nuestras transgresiones, versículo 5. Nosotros somos salvos porque hemos creído que Él fue azotado por nuestras iniquidades, esto fue para que el castigo que recibió Él nos beneficiara y por medio de su llaga nosotros fuésemos sanados. Nosotros somos salvos porque de acuerdo al versículo 6 nosotros creemos que el Señor causó que la iniquidad de todos nosotros cayera sobre Él; nosotros somos salvos por lo que dice el versículo 8, es decir creemos que fue traspasado por nuestras transgresiones. Nosotros creemos que, de acuerdo al versículo 10, el Señor se agradó en azotarlo, pasarlo por sufrimiento para que se convirtiera en una ofrenda que cargará con la culpa de nuestros pecados. Nosotros creemos, de acuerdo al versículo 11, que Él justificó a muchos al llevar sus iniquidades. Al final el versículo 12 nosotros creemos que Él llevó los pecados de muchos e intercedió por nuestras transgresiones.

La salvación de Israel

Para ser cristiano, uno debe de creer en el sacrificio vicario y sustitutorio de Cristo, Él tomó el lugar de nosotros en la cruz. Pero llegará un día cuando toda la nación de Israel creerá. Zacarías nos dice que habrá aproximadamente 2/3 de la nación que no creerán, serán juzgados por Dios, y permanecerá solamente un tercio, del cual se hablará de una conversión nacional por medio de un acto soberano de Dios; si tomamos el número aproximado de judíos que existe en la actualidad, estamos hablando de 15 millones de judíos, esto es 5 millones de judíos que en un solo momento, en el futuro, llegarán a la fe en Jesucristo bajo el poder soberano de Dios. Y por cierto, sin importar lo que esté ocurriendo en el panorama mundial, sin importar mucho acerca del poder nuclear en el Medio Oriente, sin importar cuántas bombas puedan elaborar los iraníes y sin importar que su objetivo sea Israel, no lo destruirán, ellos no van a poder destruir a Israel porque Dios tiene una salvación futura para ellos y esto está escrito con muchos detalles dentro de la Escritura. Su salvación es prometida en Jeremías 31. También es prometida en Ezequiel 36, como nosotros hemos podido observar, esta es la promesa que hay en Zacarías 12 y 13, y es lo que está siendo prometido aquí en Isaías 53, estas son las mismísimas palabras de su confesión. Pablo reitera todo esto en Romanos diciendo: "entonces todo Israel será salvo". De este modo entendemos que cualquier cosa que suceda en la historia inmediata del Medio Oriente, Dios preservará a su pueblo para su salvación final. Hay muchos ataques en esas tierras, hay muchos ataques devastadores en ese lugar, pero va a haber un remanente de Israel que va poner su fe en Cristo en el futuro. Aquí es donde ellos se enteran, por medio de la profecía, que su Mesías será sacrificado. Esto no es lo que ellos esperaban. Ellos esperaban que llegara como Rey, pero antes de que venga como Rey la segunda vez, tiene que venir por primera vez como el Cordero. Antes de que Él venga a vivir y reinar, Él tiene que venir a morir.

El sacrificio aceptable

A través de toda la historia de los judíos vemos que ellos estaban muy familiarizados con el sacrificio de animales. Toda su historia iniciando desde el Levítico, cuando ellos fueron instruidos acerca de lo que Dios quería que ellos ofrecieran, principalmente sangre para sacrificio, lo cual no era nada nuevo para ellos en ningún sentido (esto puede ser trazado desde el momento en que se ofrece a Dios sangre como sacrificio, y también yendo hasta Abraham donde se le dice que tiene que ofrecer a su hijo en el altar, y así como Abraham levantó el cuchillo para clavarlo dentro del corazón de Isaac, su mano fue detenida por Dios y al mismo tiempo Él le proveyó un carnero para el sacrificio). Ellos habían sido instruidos acerca de cómo era que el pecado causaba la muerte, esto es en esencia lo que es el pecado, él moriría como lo dice el profeta. Y también que debe de haber una muerte como pago por el pecado; alguien tiene que morir. Y la demostración de esto está en todo animal que se sacrificó a través de toda la historia de Israel. Esto significaba que el pecado requería una muerte y Dios estaba deseoso de proveer un sustituto inocente el cual moriría en lugar del pecador. El perdón del pecado no podía ser obtenido de Dios fuera del sacrificio sustituto y aceptable de una víctima inocente.

Ellos habían sabido desde Abraham, en Génesis 22, que Dios proveería un sacrificio. Ya desde los tiempos de Abraham ellos pudieron haber visto hacia adelante para saber quién finalmente sería este sacrificio. Los animales nunca fueron un sacrificio satisfactorio, estos eran sacrificados por miles en cada Pascua desde Éxodo 12 en adelante, hasta la destrucción del templo en el 70 d. C. por los romanos. Había animales sacrificados todos los días en el templo y en el tabernáculo, cada día en el sacrificio de la mañana y en el sacrificio de la tarde. Y también había sacrificios personales, de acuerdo a Levítico 5, la gente tenía que traer sus propios sacrificios, entonces estos eran matados, y la mayoría de estos animales eran corderos; todo esto durante toda la historia de Israel. Había una forma común de ver a los sacerdotes, y se veían literalmente como carniceros, esto es lo que ellos eran esencialmente; cuando iban a ejercer su oficio sacerdotal en el templo ellos descuartizaban animales durante todo el tiempo que estaban ahí. Les llegaba la sangre hasta los tobillos día tras día y Dios les estaba presentando el símbolo que decía que los pecados requieren la muerte. Y los judíos fieles con verdaderos corazones arrepentidos, vendrían y entenderían y ofrecerían sacrificio, y por medio de su sacrificio estarían diciendo: "Sé que mi pecado requiere muerte. Yo sé que yo no soy justo, me arrepiento y te pido que me perdones en base a esta obediencia al ofrecer un sacrificio". Ellos no eran salvados por este ritual, no eran salvados por el sacrificio, eran salvados por medio del arrepentimiento y su confianza en que Dios sería misericordioso hacia ellos a través de este sacrificio que vendría y lo satisfaría. Esto era lo que simbolizaban estos animales.

Ellos entendían perfectamente que no había perdón, sabían que no había satisfacción en el animal; ¿y cómo entendían esto? Porque tan pronto como ofrecían un sacrificio ya era tiempo de ofrecer otro. Cada día del calendario se elevaban sacrificios, en el día de la expiación (Yom Kipur), sacrificios en la Pascua y sacrificios personales, y ellos sabían que esto nunca, nunca se acabaría. De este modo sabían que no había llegado un sacrificio satisfactorio; aun cuando ellos eran verdaderos judíos, verdaderos israelitas, y un tipo de israelitas que conocían y adoraban a Dios en verdad, entendieron que ellos eran pecadores, que estaban torcidos, que eran impíos y que se merecían la muerte; éstos venían en penitencia y obediencia haciendo lo que Dios les había dicho, y pidiendo a Dios misericordia y gracia, y esperando que Dios proveyera el sacrificio aceptable para Él.

Ellos nunca hubiesen esperado que el sacrificio final y aceptable hubiese sido no otro que el Mesías quien, por cierto, es presentado aquí como el siervo desde el 52:3. Él sería prosperado en lo alto y elevado grandemente para ser exaltado. De acuerdo al versículo 15, asombra a muchas naciones y reyes cerrarán la boca delante de Él. Esto será algo sorprendente, poderoso, de mucha influencia, algo que sorprenda ya que es un individuo altamente exaltado.

Al final del capítulo 53 Él recibirá una porción con los grandes y dividirá el botín con los fuertes. Ellos tenían esta visión acerca del Mesías como un Rey, un gobernante exaltado, un gran Rey, el Rey de Reyes. Pero ahora se dan cuenta de que antes de que Él sea instalado como Rey, va a ser asesinado. ¿El Mesías asesinado? Como un cordero. Y si ustedes han tenido una experiencia parecida saben que cuando una oveja va a ser sacrificada lo hace en silencio. Yo tuve esta experiencia cuando estuve en Nueva Zelanda y en Australia. Ellos tienen una oveja que la llaman Judas. Este es el nombre de la oveja que guía a todas a ser sacrificadas. Todas ellas siguen a la oveja denominada Judas a través de un corredor de madera o de metal para enfrentar su muerte, y en una escena completamente en silencio, conforme van a ser degolladas una tras otra. Y sucede lo mismo cuando son trasquiladas, ellas se encuentran en silencio. Me he sentado horas y he observado la sorprendente trasquiladura de ovejas y he quedado maravillado con el silencio de ellas. La imagen aquí es la del Mesías siendo degollado y permaneciendo en silencio como una oveja va en silencio cuando es degollada; esta es la imagen que aquí se nos muestra. La realidad es que el Mesías será llevado al matadero para ser degollado. La analogía es así como las ovejas, Él estará en silencio en su muerte.

Ninguno de los sacrificios que se llevaron a cabo antes de la muerte del Mesías satisficieron a Dios, pero una vez que Cristo fue sacrificado, el velo del Templo fue rasgado de arriba abajo, y todos los sacrificios que se hicieron después no tuvieron ninguna validez, incluso Dios destruyó el templo usando a los romanos en el año 70 d. C. Los sacrificios terminaron debido a que el sacrificio que Dios había elegido ya había sido ofrecido.

Por eso nosotros leemos en el verso 7 que Él está calmado y en silencio. Nosotros podemos llamar a este mensaje el siervo sacrificado, o bien el siervo en silencio, o el siervo sacrificado en silencio.

El último profeta del Antiguo Testamento

El último profeta del Antiguo Testamento, Juan el Bautista, un hombre sorprendente, fue un profeta aislado. No hubieron otros profetas aparte de él en 400 años y llegó él después del último que hubo. Podemos decir que él está actuando fuera de tiempo o bien que es algo fuera de lo normal. Él no debió haber vivido ya que su madre y su padre eran estériles, Zacarías, el sacerdote, y Elizabeth; eran de edad avanzada y su capacidad para engendrar hijos ya había cesado, y Dios de manera milagrosa permitió que ellos tuvieran a este hijo que fue llamado Juan el Bautista. Pero algo mucho mejor que esto es identificar a Juan como el bautizado, porque de ahí es de donde toma su nombre. En el tiempo que él se encontraba en el vientre de su madre fue llenado con el Espíritu Santo, de este modo Dios tenía algo muy especial para él y eventualmente llegó a ser, como ustedes saben, el que iba antes que el Mesías. Jesús dijo que él había sido el más grande humano que jamás hubo vivido en sus tiempos. No porque él fuera más listo que los demás, no porque fuera más noble que los demás, o más moral, o más espiritual, o más justo, sino porque él tuvo la más grande tarea que ningún otro ser humano jamás había tenido. Su grandeza está conectada con los privilegios de su deber que era apuntar a la gente hacia el Mesías. El es del cuál Isaías escribió, en Isaías 40:3-5, "Es la voz de uno que clama en el desierto, diciendo, enderecen sus caminos dice el Señor". Él es aquel del que escribió Malaquías, caps. 3 y 4, donde nos dice que cuando el Mesías finalmente llegue, entonces habrá uno que venga delante de Él para anunciar su llegada. Este es un heraldo prometido, un predecesor prometido, el profeta que identifica al Mesías.

Y llegó este dramático momento cuando Juan el Bautista y Jesús estuvieron cara a cara en un lugar público, cuando Jesús estaba a punto de iniciar su ministerio, cuando estaban en el Jordán, que la gente decía vamos allá para ser bautizados por Juan, porque estaba diciendo que el Mesías ya estaba ahí. El Mesías está aquí, preparen sus corazones, preparen sus corazones; estaba predicando el reino y su justicia y diciéndole a la gente que se preparara, él estaba ofreciendo este bautismo, el cual era un símbolo de su deseo de ser limpiados. Cantidades masivas de gente llegaban allí hasta que un día Jesucristo se mostró ante ellos, ¿y cómo presenta Juan a Jesús? Él no dijo: "He aquí su rey"; si no que dijo: "He aquí el Cordero de Dios que quita el pecado del mundo" (Juan 1:29). Y esto sale precisamente de Isaías 53 que es donde por primera vez se está señalando así al Mesías. Al día siguiente nuevamente Cristo está ahí cara a cara con Juan y de nuevo dice: "He aquí el Cordero de Dios" (Juan vv. 35-36). Juan no tiene necesidad de explicar nada porque ya hay demasiada información en Isaías 53 como para entender que el Mesías vendrá como el cordero y será el sacrificio por el pecado, uno que será degollado y que permanecerá en silencio a pesar de que será llevado al matadero. Israel tendrá a su Rey exaltado y vivo, pero solo después de que haya muerto y haya sido el cordero rechazado. La imagen aquí es tan prosaica que en el versículo 6 dice: "Todos nosotros nos descarriado como ovejas, cada cual se apartó por su camino". Esta es la imagen de la humanidad pecadora, nosotros somos ovejas que nos hemos descarriado. Así que el siervo es como uno de nosotros, un cordero, para que Él pueda convertirse en el Cordero sacrificial; para salvar a sus ovejas.

El silencio del Mesías

Ahora vamos a enfocarnos en los versículos 7 al 9, no para concluir, sino porque es lo que sigue antes del final; la cuarta estrofa dentro de las cinco que construyen este sorprendente pasaje. Y el énfasis primario en estos versículos es el silencio, o bien si ustedes me lo permiten, su misión y disposición a obedecer. Este es el siervo sufriente de Jehová, sufriendo hasta la muerte de manera voluntaria. Aquí es donde Él experimenta el "no se haga mi voluntad sino la tuya", clamado cuando estaba en el huerto. Podemos decir que la boca del Mesías es ahora la protagonista. En el versículo 7 "Él no abrió su boca", esto lo dice dos veces. Y en el versículo 9 "no hay engaño en su boca"; Él está en silencio en su juicio de acuerdo al versículo 7. Él está en silencio en su muerte, esto es lo que nos dice el versículo 8. Y desde luego que Él está en silencio durante su sepultura, y esto es lo que dice el versículo

9. Aquí nuevamente vemos que esto será en el futuro, Israel va a mirar hacia atrás y se dará cuenta de que su silencio era para mostrar su deseo de ser sacrificado, como lo dice el versículo 8, "por la rebelión de mi pueblo, mi gente por la cual sufro esto". Entonces los israelitas tendrán una visión totalmente diferente de lo que es su juicio y su muerte y su sepultura.

Ahora, hay algo que debemos decir en un sentido más amplio. Este capítulo es crucial para cualquiera que quiera presentar un evangelio de manera fiel, porque el lenguaje aquí es el lenguaje del Evangelio. Déjame mostrarte lo que quiero decir. Mucha gente quiere hablar acerca de Cristo, hablar acerca de lo que significa creer en Jesús, hablar acerca de lo que significa aceptar a Jesús como Salvador, hablar acerca de permitir que Cristo tome control de sus vidas; y esto es todo verdad y está bien, pero el lenguaje de la verdadera salvación es el lenguaje de Isaías 53, cuando los judíos en una generación futura, o cuando tú y yo en esta generación, miremos hacia Jesucristo, así es como tenemos que verlo. No como maestro, no como una especie de salvador benigno, a pesar de que Él es un maestro y en efecto Él es el Salvador, pero tenemos que ver a Cristo en el lenguaje del sacrificio; espero que lo entiendas de este modo. La frase que opera aquí tenemos que verla en el lenguaje de sacrificio; estamos escuchando la confesión de los judíos en el futuro y la confesión de cualquier persona que verdaderamente se está convirtiendo en este tiempo presente. ¿Cuál es esté lenguaje? Vamos nuevamente al versículo 3: despreciado, desechado, varón de dolores, experimentado en quebranto, menospreciado, no lo estimamos, sufrió dolores, fue azotado, herido, abatido. Versículo 7: angustiado, afligido, no abrió su boca, fue llevado al matadero. Versículo 8: oprimido, enjuiciado, cortado de la tierra de los vivientes, esto significa que fue muerto, y herido al final del versículo. Versículo 10: Jehová quiso quebrantarlo, sujetándole a padecimiento. Él se convirtió en una ofrenda por la culpa, versículos 11-12, llevando la iniquidad, llevando el pecado. ¿Qué es lo que estoy diciendo?

El Evangelio es acerca del pecado, y es acerca del juicio, y es acerca de sacrificio sustitutorio, y es acerca de la muerte, y es acerca de sangre derramada. El Evangelio es acerca de opresión, aflicción, juicio, ejecución, de ser golpeado; es acerca de iniquidades, transgresiones, pecados; este es el Evangelio. Esta es la forma en la que nosotros tenemos que entenderlo y explicarlo.

¿A quién se está haciendo referencia aquí? ¿Quién sufre este juicio descrito en el versículo 7, juicio que lo lleva a la muerte como lo describe el versículo 8, y una sepultura como la descrita en el versículo 9? ¿Quién es este? ¿Quién es este sufriente y humilde siervo de Jehová? ¿Quién es este hombre inocente, sin pecado, paciente, deseando pasar por todo esto voluntariamente, y afligido con esta muerte brutal? ¿Quién es este?

Solo existe una posible respuesta, y este es el siervo de Jehová quien es el Mesías, quien es Jesús. Él no cae en una maraña de circunstancias que están fuera de control, sino que está en silencio aceptando todo lo que está sucediendo. Ahora el Mesías no dice nada en Isaías 53, no pronuncia ninguna palabra. Él está en silencio, sufriendo como un siervo. No dice nada, no hace nada, sino que simplemente permite que le pase todo a Él. Lo hace de manera voluntaria, como un vicario, esta es la muerte substitucional del siervo de Jehová.

Ahora veamos por un momento el versículo 7, el primero de estos tres, y veamos cómo es presentado aquí el juicio de Jesús. ¿Cómo sabemos esto? Versículo 7: "él fue oprimido". Él a sí mismo, como lo dice literalmente en el hebreo, se oprimió a sí mismo de manera enfática. Esta es una palabra que nos hace pensar solamente en brutalidad; no lleva a pensar en esclavitud; es una palabra que se refiere a ser arrestado, y ser abusado. Es tan severa, como severo fue el trato que le dieron cuando fue arrestado y acusado, de acuerdo al versículo 14 del capítulo 52, el cual nos dice que su apariencia fue desfigurada por los hombres al grado que ni siquiera parecía un hombre. Ni siquiera parecía humano.

Y acabaron con él, en términos físicos, por la golpiza que recibió en todo su cuerpo, y el abuso que recibió en su cabeza y en su cara por la corona de espinas, y los palos con los que lo golpearon en la cara, lo esculpieron, y la sangre escurriendo por su cara, ni siquiera parecía humano.

Después de ser azotado estaba bañado en sangre, y estando tirado al momento de su tortura se veía la angustia en su rostro por la emoción del momento. Todo empezó con su arresto a la medianoche en el huerto. Continuó a través de esos juicios llenos de burla, de falsos testimonios, ahí estaba siendo abusado de manera psicológica, y esta fue la tortura por la que pasó. La salvaje injusticia de llevarlo ante los romanos, y la forma en la que lo amarraron y abusaron de él físicamente, desde el arresto en el jardín hasta su juicio en la casa del sumo sacerdote, tratando de inculparlo por medio de falsos testigos que estaban diciendo mentiras. Delante de Herodes, delante de Pilato y en todos estos juicios por parte de los judíos y de los romanos, no pudieron imputarle ningún crimen, no se dio ninguna prueba, nunca se estableció su culpabilidad. De acuerdo con Lucas 23:15, Herodes lo declaró inocente. Tres veces en Lucas 23 Pilato dice que Él es inocente, tres veces, y él era el gobernador. Así que este era el veredicto legal, tres veces inocente. Y aun los líderes de Israel, los líderes judíos con el consentimiento de la gente, presionaron a Pilato cambiar su declaración de triple inocencia de Jesús por una de ejecución. Esto es lo que vemos en Lucas 23:25. Esto es lo que vemos en el versículo 7, Él fue oprimido.

Y luego se nos dice que Él fue afligido, pero este es un verbo en tiempo pasivo y tiene que ser visto un tanto diferente, un poco más de cerca. Él permitió que él mismo fuera afligido. Esta es la manera en la que tendríamos que traducir un verbo en pasivo. Pasivo significa que la acción sucede hacia la persona descrita, no es la persona ejecutando la acción sino recibiendo la acción del verbo. Esto también puede significar, y puede ser traducido de manera correcta, como se hace en Éxodo 10:3; él se humilló a sí mismo. Que es otra manera de decir que él permitió que él mismo fuera afligido. Pablo pudo haber tenido en mente esta misma frase cuando escribió Filipenses 2:8, "se humilló asimismo, haciéndose obediente hasta la muerte, y muerte de cruz". Esta también puede ser la reflexión directa que se está haciendo en Isaías 53:7.

Esta no es una persona siendo torturada de manera normal. Pero tampoco la persona torturada está actuando de manera normal. Normalmente alguien que es oprimido, torturado y que es inocente y que sabe que esta es una injusticia total, grita y se queja acerca de la injusticia que está sufriendo, e implora justicia porque se sabe inocente. Pero no sucede así con el siervo de Jehová, Él no dice ni una sola palabra: "No abrió su boca". A pesar de que todo esto era algo malo, una justicia torcida y malvada en su contra; no solo en contra de un hombre inocente sino en contra de un hombre perfectamente santo y justo, Él no abrió su boca. Los pecadores no sufren en silencio; no lo hacemos. Somos culpables y a pesar de ello cuando nosotros sufrimos a causa del pecado, nosotros lloramos y gritamos como David lo hizo en el Salmo 32 y en el Salmo 51. "Contra ti, contra ti solamente por el pecado. Límpiame, purifícame, hazme limpio" este es el clamor de un pecador que se sabe culpable.

Job es el ejemplo del llanto de un pecador inocente, quien en repetidas ocasiones clama por su inocencia. En Job 7:1-13, todo el tiempo está diciendo: "Dios, ¿qué está pasando? Yo soy un hombre inocente. Yo no soy culpable de lo que mis propios amigos me están acusando". Los pecadores no sufren en silencio. Cuando nosotros sufrimos debido a la culpa, clamamos a Dios por perdón. Y cuando sabemos que estamos sufriendo siendo inocentes clamamos a Dios y le preguntamos ¿por qué? Pero este es alguien que sufre en silencio. Él fue literalmente atrapado a la media noche cuando se encontraba en el huerto de Getsemaní. Llegaron ante Él, de acuerdo a lo que nos dice el Nuevo Testamento, con muchísima policía que provenía del templo, de los líderes religiosos y soldados romanos para arrestarlo, fue cazado literalmente como un tipo de animal nocturno. Es arrestado; es traicionado por Judas; es llevado bajo custodia, maltratado, torturado, atormentado, acusado en todas las formas imaginables e inimaginables y entonces es llevado para ser ejecutado sin resistencia, sin ninguna queja.

Cuando fue llevado delante del sumo sacerdote, dice Mateo capítulo 26, que Él estaba en silencio. En el siguiente capítulo, Mateo 27, dice que Él fue llevado delante del sumo sacerdote, los escribas y, ancianos, y estaba en silencio. En Marcos 15 es llevado delante de Pilato y Él estaba en silencio. En Juan 19 se nos dice algo similar, en Lucas 23 llevado delante del rey por parte de los romanos y nuevamente lo vemos en silencio; Él estaba en silencio delante del sumo sacerdote, delante del sanedrín; Él estaba en silencio delante de Pilato; Él estaba en silencio delante de los hombres. No dijo una palabra en su defensa o para argumentar acerca de su inocencia.

Isaías nos dice que Él fue como un cordero que era llevado al matadero. Y que era como una oveja que está en silencio delante de sus verdugos, así fue como Él no abrió su boca. Y podemos notar que el asunto principal aquí es cómo está deseando morir voluntariamente, que este no es un plan que se salió de control, sino que 700 años antes Jesús es mostrado en esta profecía, que es completamente clara, cómo sucedería cuando llegara a la tierra como un cordero para ser degollado. Y cuando llegó, antes de comenzar su ministerio, Juan dice, "He aquí el Cordero de Dios que quita el pecado del mundo". Y esto significa que Él debe ser un Cordero sacrificial porque el pecado solamente puede ser removido a través de la muerte del sacrificio substitucional.

Cuando Jesús murió al final de sus tres años de ministerio, no fue de la manera que algunos tratan de demostrar, como algo bueno que se salió de control. Esa fue la razón por la que Él vino en primer lugar, a morir. Él pudo haber dicho muchas cosas delante de sus acusadores. La realidad es que pudo haber dicho muchísimas cosas al sumo sacerdote, y a todos los integrantes del sanedrín. Pudo haber dicho muchas cosas a Pilato, a Herodes; pero no lo hizo. Este era el silencio del sometimiento a la voluntad de su Padre, pero también era el silencio de un juicio. Era como si dijera, ustedes no escuchan y yo no tengo nada que decirles. Cuando hablé acerca de la vida y de la salvación, cuando hablé acerca del perdón y del reino de Dios, no me escucharon, y ahora no tengo más que decirles.

Él estaba en completo silencio durante su juicio. Y en el verso 7 se nos dice en la parte final: "no abrió su boca". Él no solo está aceptando un juicio injusto por parte de los hombres, sino que también estaba aceptando el juicio justo por parte de Dios a nombre de los pecadores injustos, para que de esta forma ellos puedan ser justos. Ningún sacrificio fue nunca tan perfecto; nunca hubo un sacrificio tan puro. Él es el que no cometió pecado, el Cordero de Dios sin mancha, aceptable para Dios, elegido por Dios para morir por los pecadores. Esto se encuentra aquí, esta es la soteriología del Antiguo Testamento y está en su clímax. Este es el punto más elevado en el Antiguo Testamento, el Mesías es el sacrificio, sacrificado por Dios a nuestro favor. Él es el siervo de Jehová; Él es el esclavo de Jehová; y su servicio requería que muriera, que fuera castigado para nuestro beneficio, para que por su llaga todos nosotros seamos sanados, que recibiera todos los golpes que le dieron por nuestras iniquidades, que fuera traspasado por nuestras transgresiones. Cómo el versículo 8 dice, para que Él fuera cortado de la tierra de los vivientes a causa de nuestras transgresiones y por nosotros fue herido.

Este es el mensaje del Evangelio, y es el mensaje del pecado y del juicio, de la muerte del sacrificio; el siervo de Jehová que está sufriendo en silencio sometido y que va a ser sacrificado, toma en sí mismo el castigo de Dios a causa de la enorme deuda moral de los elegidos. El paga el precio del rescate de todos los elegidos de la historia de la humanidad con su vida. Ahora este es el verso 7; este es el juicio que nos lleva hasta su muerte en el versículo 8. Pero eso va a continuar. Nosotros roguemos en silencio en su muerte y aun en silencio de su sepultura, versículo 9. Inclinémonos en oración.

Oración

Estamos sorprendidos y maravillados por el sacrificio de Cristo. Estamos sorprendidos por el hecho de que Tú hayas aplicado este sacrificio a nuestro favor aun cuando no lo merecíamos. Cuál es la razón por la que Tú nos has elegido a nosotros de entre todo el mundo para ser los recipientes de este poderoso cumplimiento que va más allá de toda comprensión, esto va más allá de nuestra adoración. La razón por la que te amamos, por la que te alabamos, por la que te adoramos, por la que nos presentamos delante de Ti hoy. Y es esta gran realidad a la que Tú nos has llamado para proclamar hasta los rincones más lejanos de la tierra, que cualquiera que invoque el nombre del Señor será salvo, judío o gentil. Hoy es día de salvación. Este es el tiempo aceptable. Sí, habrá un tiempo en el futuro, al final de la historia de la humanidad, cuando la nación de Israel será salvada; pero mientras esto ocurre, en lo que esperamos que esto ocurra, cualquiera que invoque el nombre del Señor será salvo. El Evangelio es poder de Dios para salvación a todo aquel que cree, judío o gentil.

Te pedimos Señor que el día de hoy atraigas a muchas personas delante de ti, judíos o gentiles, de entre los que están sentados y escuchando. Que este sea el momento cuando ellos salen de la oscuridad y se dirigen hacia la luz, que salen de la muerte para tener vida, que salen de la confusión hacia la claridad, que salen de la ignorancia para ir hacia el conocimiento, para que tengan vida nueva. Que ellos sean atraídos hacia Cristo, por el irresistible poder de tu Espíritu Santo. Que este sea el día de su salvación.

Padre haz este trabajo en sus corazones para tu gloria, para tu honor, para que el cielo se pueda regocijar cuando un pecador se arrepiente. Oramos esto para que Tú puedas ser honrado de esta manera, para que Tú puedas ser exaltado en el nombre de Cristo. Amén.

REFLEXIONES PERSONALES

08_El siervo en silencio. Parte 2

Angustiado él, y afligido, no abrió su boca; como cordero fue llevado al matadero; y como oveja delante de sus trasquiladores, enmudeció, y no abrió su boca.

Por cárcel y por juicio fue quitado; y su generación, ¿quién la contará? Porque fue cortado de la tierra de los vivientes, y por la rebelión de mi pueblo fue herido.

Y se dispuso con los impíos su sepultura, mas con los ricos fue en su muerte; aunque nunca hizo maldad, ni hubo engaño en su boca.

Isaías 53:7–9

BOSQUEJO

— Introducción

— Recapitulación

— El Cordero sacrificado

— El Cordero en silencio

— El juicio del Cordero

— El Cordero sepultado

— Oración

NOTAS PERSONALES AL BOSQUEJO

SERMÓN

Introducción

Estamos en Isaías 53, y voy a tener que iniciar pidiéndoles una disculpa por el hecho de que esto se está prolongando demasiado; pero si ustedes tan solo supieran todo lo que tengo que decir y que no puedo debido a que el tiempo me limita, entenderían. Literalmente he estado viviendo con este capítulo durante meses, buscando encontrar cual es el hilo que une toda la idea desde el comienzo hasta el final. Y he encontrado que hay tantas maneras para explicar este capítulo; hay tantas cosas que se originan en Isaías 53 que encontramos muchos caminos, muchas formas que nosotros podemos seguir para buscar explicarlo, pero a veces las rutas y los caminos que encuentro literalmente se convierten en un camino sin fin. Te digo esto porque este es un capítulo literalmente sin fondo, no puedo encontrar su profundidad, no puedo encontrar su anchura y no puedo encontrar su altura.

Estaba leyendo un libro esta semana acerca de Isaías 53 donde el escritor decía: "Las palabras literalmente colapsan bajo el peso de este capítulo". Y yo comprendí que, simplemente no hay palabras suficientes para poder describirlo; es tan vasto, tan inmenso que no hay suficiente vocabulario para describirlo. Este es un capítulo que, en un sentido, llegas a un punto en donde sientes el peso de este sin que seas capaz de poder expresarlo. Y esto es algo que les sucede a los predicadores, y más particularmente es un problema que me sucede a mí, ya que a veces me siento limitado en cuanto a mi habilidad para expresarme, y es entonces cuando me encuentro de alguna manera frustrado, pero al mismo tiempo trato de ir una vez más a repasar todo lo estudiado y enriquecer las cosas de las cuales nosotros ya hemos hablado, todo esto con la idea de no dejar nada sin decir o bien para decir lo que se debe acerca de este capítulo.

Esta porción de la Escritura es de mucho peso. Puede que no haya otro pasaje como este en toda la Santa Escritura, al menos en mi mente. Es tan pleno, tan denso, y a la vez es una presentación tan claramente detallada del Señor Jesucristo en su vida, en su muerte, en su sepultura, en su resurrección, en su exaltación y en su intercesión, que trasciende cualquier otro pasaje del Antiguo Testamento. La complejidad de este capítulo es sorprendente al grado que lo deja a uno sin palabras. El texto, empezando con el capítulo 52, verso 13, empieza con un viaje que no tiene paralelo dentro de la Escritura. Empieza con la relación eterna que ha tenido el Señor con el Mesías, con su hijo, y luego nos lleva a la gloria exaltada al final cuando el Hijo ha cumplido completamente su trabajo como Redentor. Y durante este viaje, nos llevará hasta la parte más baja de la humillación del que llevó nuestros pecados, a través de todos los eventos de su vida, a través de los eventos de la Semana Santa, la Cruz, la resurrección, la tumba vacía, y nos eleva hasta las glorias del cielo y su trabajo intercesor que continúa hasta hoy. Esta es la historia completa del Mesías, la cual es tratada aquí con una sorprendente cantidad de detalles que nos deja maravillados cuando consideramos que esto fue escrito, completamente, por la pluma de un profeta inspirado por Dios 700 años antes de que Cristo llegara a la tierra.

No solamente está presentado el trabajo de Cristo aquí, como ya dije, desde su vida, el momento de su encarnación, hasta su intercesión y todo lo que queda en medio, sino que también está la naturaleza misma del Mesías presentada mediante el Siervo, y para que podamos ver esto quiero que vayamos al inicio de este texto: capítulo 52, verso 13. Voy estar dando vueltas alrededor de esto, debido a que no puedo dar todo lo que hay dentro de estos versículos conforme lo leemos en una primera vez. Así es que debo volver al inicio donde todo esto comenzó; Dios habla al inicio y al final de esta maravillosa sección. Dios es el que está hablando en el inicio del capítulo 52, verso 13 al 15, y Dios es el que está hablando al final de la segunda mitad del versículo 11 y al final del verso 12. Así que Dios está presentando al Siervo y concluyendo este relato de su Siervo. Dios lo presenta e identifica su naturaleza aquí con las primeras palabras en el versículo: "He aquí mi siervo", este es el título que lleva el Mesías, y hay muchas referencias a Él como el Siervo del Señor en esta sección de Isaías. Existen cuatro capítulos acerca del Siervo, esto es *ebed Yahweh*, el Siervo de Dios: capítulo 42, capítulo 49, capítulo 50, y ahora esta sección aquí. Todas estas describen al Mesías como el Siervo del Señor.

En las primeras porciones de Isaías, Israel es identificado como el siervo del Señor, siendo un siervo completamente infiel, es pronunciado el juicio contra ellos. Pero en el futuro, el Señor tendrá a un Siervo quien es fiel, quien es nada menos que el Mesías. En el versículo inicial, su naturaleza, su persona, es identificada. Él será prosperado, será engrandecido y exaltado en gran manera. Tres verbos, tres verbos que hablan acerca de su naturaleza, prosperado, engrandecido y exaltado. Esto nos muestra su relación eterna con Dios el Padre porque estos tres verbos aparecen solamente en otro lugar dentro del libro de Isaías, y esto es en el capítulo 6 de Isaías donde estos tres verbos aparecen ahí para describir a Dios en su trono "alto y sublime y quien es Santo, Santo, Santo", en esta sección de Isaías son usados de este modo los mismos verbos para describir a Dios el Padre.

Aquí son usados para describir al Siervo de Dios, al Esclavo de Dios, el Mesías, y por lo tanto ellos nos presentan al Mesías como uno que tiene el mismo tipo de exaltación, el mismo tipo de grandeza y el mismo tipo de posición (prosperado). Y esto es para decirnos que lo mismo que puede ser dicho acerca de Dios el Padre, es lo que se dice acerca del Siervo del Señor.

Una combinación de verbos que describe al Señor YAHWEH también describe al Siervo de YAHWEH. Esto es para decir lo que Pablo dijo, que en Él habita toda la plenitud de la deidad corporalmente. Esto es para decir lo que nos habla el escritor de Hebreos, que Él es el resplandor de su gloria y que es la exacta representación de su persona. Esto es para decir lo que el mismo Jesús dijo: "El que me ha visto a mí, ha visto al Padre. Yo y el padre uno somos". Y de este modo el Siervo es identificado al inicio del versículo por Dios mismo como uno que es igual a sí mismo, igual en cuanto a posición, igual en cuanto a exaltación, igual en cuanto a grandeza. Entonces no es difícil entender que estamos hablando de Dios mismo encarnado, el Siervo de Dios no es otro que el Hijo de Dios encarnado. El Hijo de Dios es exaltado ahí en el versículo con el que inicia esta sección.

E inmediatamente, a continuación en el versículo 14, vemos que Dios lo presenta a Él como uno que será, a pesar de ser exaltado y Dios en cuanto a naturaleza, que será humillado, versículos 13 y 14. La transición es realmente sorprendente. Muchos estaban atónitos con Israel, pero ellos quedarán mayormente sorprendidos cuando vean la apariencia del Dios/hombre deformado más que cualquier otro hombre o cualquier otro hijo de hombre. Esta es la humillación de la cual nosotros sabemos a través de las palabras de Pablo en Filipenses 2, que Él tomó la forma de Siervo, hecho a la semejanza de hombre, se humilló asimismo hasta la muerte, hasta la muerte de Cruz. Los horrores del maltrato, incluyendo su crucifixión, son las desfiguraciones que Dios Padre nos revela que ocurrirán en el futuro a través de este profeta Isaías.

Cuando esto termine, dice el verso 15, Él asombrará a muchas naciones pero ahora nosotros esperamos su Segunda Venida, cuando regrese después de su muerte y su resurrección, reyes cerrarán sus bocas ante Él, porque cuando regrese verán cosas que nunca antes se habían visto y escucharán cosas que nunca antes se habían escuchado, así que conforme Dios presenta a su Siervo, lo presenta como Dios, como siendo humillado y como siendo exaltado; la palabra que encuentra en el versículo 13, prosperado, es la afirmación de Dios de que Él tendrá éxito.

Y cuando Dios concluye el capítulo 53 hablará nuevamente en el versículo 11 y nos dirá: "por su conocimiento justificará mi siervo justo a muchos". Aquí está nuevamente Dios hablando acerca de "mi Siervo", su Hijo, el Mesías; Él justificará a muchos, llevará sus iniquidades, por tanto le dará parte con los grandes. Él dividirá el botín con los poderosos porque se entregó a sí mismo a la muerte y fue contado como pecador a pesar de que Él simplemente llevó el pecado de muchos e intercedió por sus transgresiones. Dios abre esta sección en los versículos 13 al 15 prediciendo y prometiendo el triunfo del Mesías, el Siervo. Dios concluye proclamando que ha triunfado. Él ha triunfado y triunfará. Así que Dios encapsula esto con una introducción y una conclusión y en medio tienes los versículos 1 al 11, y esta es la descripción del sufrimiento del Siervo por lo cual Él es exaltado. Él será exaltado. Él triunfará porque se humilló asimismo hasta la muerte, hasta la muerte de Cruz. La parte intermedia de versículos es la razón por la cual existe su exaltación, porque Él hizo lo que el Padre había determinado que haría. Así el Padre lo asciende hasta Él y lo sienta a su mano derecha y le da a un nombre que es sobre todo nombre, y a quien en un día en el futuro lo enviará de regreso para establecer su reino, un reino que sacudirá y maravillará a los gobernantes del mundo, un reino que mostrará toda su gloria, y entonces Él dividirá el botín. Él será el total y único conquistador, el monarca de todo el universo.

De este modo tenemos un comentario de introducción y una afirmación de conclusión dada por Dios mismo. Y en la parte media, los versículos del 1 al 11, es la sorprendente mirada a la razón por la que el Siervo tenía que ser exaltado. La razón es dada por Dios en el versículo 12, ¿por qué? Porque Él se entregó a sí mismo hasta la muerte, porque Él llevó el pecado de muchos. Es debido a su trabajo de humillación y su sacrificio substitucional por lo que Dios lo exaltará. Y esto es exactamente lo que Pablo dice en Filipenses 2: "él se humilló asimismo hasta la muerte, por lo tanto Dios lo elevó a lo sumo y le dio un nombre que es por sobre todo nombre". Es como si Pablo estuviera escribiendo de manera paralela a Isaías 53 en esa sección de Filipenses 2 en donde se nos habla acerca de la *kenosis*.

Ahora es muy importante, y sorprendente al mismo tiempo, que Dios nos dé una profecía de introducción y una proclamación de conclusión, esto sucederá, y ha sucedido, porque la parte de en medio es muy trágica, muy trágica. Habría muy poca esperanza si no tuviéramos esta afirmación divina de que Jesucristo tendrá la victoria al final. Lo que nosotros tenemos en la introducción y en la conclusión es la promesa de su Segunda Venida; lo que tenemos en la parte central es el trabajo que Él llevó a cabo en su Primera Venida, ¿puedes ver esto? Lo que nosotros tenemos en la introducción y la conclusión es la declaración de Dios acerca de su Segunda Venida; como el monarca que vendrá a reinar, el Rey de reyes y Señor de señores. Lo que nosotros tenemos en la parte central es su primera venida, su humillación; Él viene nuevamente a reinar porque Él vino una vez a morir. Y esta es la forma en la que Dios ha administrado el trabajo del Señor Jesucristo. Lo que vemos en la sección de en medio es humillación, esta es la razón por la que Dios lo ha exaltado grandemente. Él vino, se dio asimismo siguiendo completamente la voluntad de Dios para salvar a los pecadores del infierno, y para hacerlo de la manera más sorprendente al darse asimismo una muerte dolorosa, vergonzosa, una muerte destinada solo para los malvados, esta era la muerte que estaba reservada para los peores criminales y los peores esclavos. Pero Él vino como el único justo, como es identificado en el versículo 11, para llevar el castigo que Dios debía dar a los impíos, para entonces hacerlos justos; este es el verdadero significado de la Cruz y el mismísimo corazón del Evangelio.

Ahora vamos a observar los versículos del 1 al 11 para aprender más acerca del Siervo. En los versículos del 1 al 3 a desprecian al Siervo como ya lo pudimos observar. En los versículos del 4 al 6 Él es el siervo sustituto. En los versículos del 7 al 9, donde nos encontramos, vemos al Siervo que está siendo sacrificado en silencio.

Recapitulación

Un pequeño recordatorio, una recapitulación sobre algo que nosotros debemos recordar, ¿de acuerdo? El propósito primario en este pasaje no es mirar hacia la Cruz; este es el propósito secundario. El propósito primario en este pasaje es que seamos capaces de ver en una perspectiva hacia el futuro el triunfo del Mesías, el triunfo final del Mesías, el Siervo. El triunfo final del Mesías, el siervo, será la salvación de su pueblo. Y esto es lo que se nos dice en el versículo 8: "fue cortado de la tierra de los vivientes, y por la rebelión de mi pueblo fue herido". O en el versículo 11: "el justificará los muchos". O en el versículo 12: "llevará el pecado de muchos".El punto en este capítulo es que Dios salvará a su pueblo. Y en particular a su pueblo Israel; esta es una profecía de la salvación futura de Israel. Esto es lo que toda la sección de Isaías nos está hablando, salvación para Israel en el futuro. Zacarías dice que es en el tiempo cuando ellos voltearán a ver a aquel al cual ellos traspasaron y se lamentarán como se lamentan por el único hijo. Cuando ellos sean capaces de ver en retrospectiva hacia la historia, lo que aun no han hecho, pero que harán algún día, ellos se volverán a aquel que ellos traspasaron y se darán cuenta que era el Hijo de Dios y entonces comprenderán completamente lo que no había sido entendido, excepto por el remanente de judíos que han venido a poner su fe en Cristo. Israel será salvado. La promesa de Ezequiel 36, es la promesa del Nuevo Pacto de que Dios los salvará, de que Dios los perdonará, de que Dios escribirá su Ley en sus corazones de que Dios quitará su corazón de piedra y les dará un corazón de carne y pondrá su Espíritu dentro de ellos. Esto se repite en Jeremías 31, se repite en Zacarías 12:13, el Espíritu de gracia y su aplicación vendrá a ellos. Esto sucederá en el futuro, la salvación de la nación de Israel. O como dice Romanos 11: "todo Israel será salvo". En el futuro ellos harán la confesión de los versículos 1–11. Esta será su confesión. Ahora, en estos momentos, es la confesión de todo aquel que cree. Seas judío o gentil, esta es nuestra confesión, ¿no es así? Comprendemos que Él fue herido por nuestras rebeliones. Entendemos que Él fue molido por nuestros pecados, que el castigo de nuestra paz fue sobre Él, y que por Su llaga fuimos nosotros curados. Entendemos que somos las ovejas que se han descarriado, malvadas por naturaleza, y que el Señor cargó en Él el pecado de todos nosotros. Comprendemos esto. Esto es el significado del Evangelio, que Él murió en nuestro lugar bajo el castigo divino por nosotros, y que siendo Él castigado en nuestro lugar, nunca seremos condenados. El castigo ha sido impuesto sobre el sustituto. Entendemos esto. Todos los creyentes entienden esto. No puedes ser salvado sin aceptar esta verdad.

Pero un día en el futuro la nación de Israel se dará cuenta de esto y mirará hacia atrás y confesará estas mismísimas palabras, la confesión que se encuentra en Isaías capítulo 53. Desde el principio dice el versículo 1, ellos no creyeron: "¿Quién ha creído a nuestro anuncio?" Esto es lo que indica en el idioma hebreo: "¿Quién de entre nosotros ha creído que Jesús era el brazo de Dios que sería revelado?" Esto es una simple expresión que hace referencia a la presencia de Dios con poder. "¿Quién creyó que Él era el verdadero poder de Dios? ¿Quién creyó que Él era el Mesías, el Salvador?" Muy, pero muy pocos. 500 en Galilea, 120 en el aposento alto en Jerusalén, después de tres años de ministerio a través de toda la nación de Israel solo muy pocos creyeron. ¿Por qué? Simple, Él no se ajustó a nuestro modelo. Los judíos siempre han tenido una teología de gloria y no una teología de sufrimiento. Ellos siempre han entendido la gloria del Mesías pero no el sufrimiento del Mesías, de hecho, tanto como podemos nosotros decirlo, no hay una sola indicación en la literatura judía en donde se nos diga que en algún punto de su historia ellos han creído en el Mesías como alguien que iba a morir por sus pecados. No lo podemos encontrar. Ellos no tenían una teología de un Mesías sufriendo y muriendo, solo la de un Mesías glorioso.

Esto nos hace entender cómo es que ellos vieron a Jesús y no reconocieron a su Mesías glorioso. Ellos vieron a un pequeño renuevo, vieron una raíz de tierra seca; no vieron ninguna cosa majestuosa, lo vieron sin atractivo. Esto no se ajustó a su teología de gloria. Y aun más, no solamente Él estaba apareciendo como de la nada, sin origen, no solamente era una apariencia que no llamaba la atención sino que al final de su vida Él fue despreciado, olvidado y escarnecido. El tipo de persona de la cual nosotros esconderíamos nuestro rostro, ese era el grado de la apariencia despreciable que tenía. Él fue despreciado y no lo estimamos, Él fue el Mesías despreciado. De tal modo que ellos pudieron haber dicho acerca del Mesías no vamos a permitir que una persona de este tipo reine sobre nosotros, crucifíquenlo, crucifíquenlo, él no es nuestro rey, despreciaron al Mesías.

En los versículos del 4–6, Él es el Mesías sustituto al cual, en un día en el futuro, ellos voltearán a ver y dirán, "ahora lo vemos diferente. Él cargó con nuestros pecados. Él cargó con nuestras iniquidades. Habíamos pensado que Él fue golpeado y maltratado por Dios y que fue afligido por sus propios pecados, por sus propias blasfemias porque era un blasfemo, porque era un agresor, porque era como un intruso. ¡Oh, que tan equivocados estábamos! Ahora sabemos, que Él fue traspasado por nuestras transgresiones, maltratado por nuestras iniquidades", y así dirán ellos. El Señor causó que nuestras iniquidades cayeran sobre Él.

El Cordero sacrificado

Ahora nos lleva a los versículos del 7 al 9 donde vemos que Él es el Siervo despreciado y el Siervo sustituto, y aquí vemos que Él está siendo sacrificado en completo silencio, es el Siervo en silencio. Y ahora vemos la frase: "como un Cordero fue llevado al matadero". Este es el clímax de esta profecía. Él vendrá como un Cordero que será sacrificado. Cuando Jesucristo apareció por primera vez en el río Jordán al iniciar su ministerio, junto con Juan el Bautista su predecesor, a quien él vio cara a cara (Juan 1:29); Juan dice: "He aquí el Cordero de Dios, que quita el pecado del mundo". Él fue capaz de comprenderlo.

El apóstol Pedro lo entendió, escribiendo el primer capítulo de su primera epístola dice: "fuimos comprados no con cosas que perecen como el oro la plata, sino con la preciosa sangre de Jesucristo, un Cordero sin culpa y sin mancha". Ellos entendieron que el Mesías venía para ser el sacrificio por los pecados, de acuerdo a lo que todos los otros sacrificios apuntaban. No había sacrificio de un animal, o de una oveja, o de una cabra, o de un toro; no había ningún animal que pudiese ser sacrificado para borrar los pecados. Hebreos 10:4, "la sangre de los toros y de los machos cabríos no puede quitar los pecados". Pero el mismo capítulo dice: "él se dio a sí mismo como ofrenda para santificar para siempre a aquellos que pertenecían a él". Pedro lo entendió, Pablo lo entendió siendo judío, en Filipenses 3, él pensaba que estaba en el camino correcto hasta el momento en el que se encuentra con Cristo y comprende que todo lo que consideraba como correcto se ha convertido como algo despreciable, él ahora lo estima como basura comparado con Cristo, sabe que la justicia que puede tener no es una propia sino la justicia que Dios le da por medio de la fe en Jesucristo.

Pablo lo comprendió, Pedro lo comprendió, los discípulos lo comprendieron, la Iglesia temprana lo comprendió, y todo creyente a través de la historia ha entendido que Jesucristo murió como el único sacrificio por el pecado que podía satisfacer a Dios. El Cordero de Dios que verdaderamente quita los pecados del mundo. Hebreos 9 dice que los sacrificios de animales no pueden quitar el pecado. Hebreos 10 lo repite; no pueden quitar los pecados. Ellos simplemente apuntan hacia la necesidad de un sustituto que tuviera la capacidad de hacer esto, y es precisamente Jesucristo quien es este sacrificio, el Cordero elegido por Dios.

Cuando entró en Jerusalén era el día que la gente seleccionaba sus corderos para el sacrificio. La gente, el fin de semana previo a la Pascua, elegía a su Cordero para ser sacrificado, así que el día que entró en Jerusalén lo podemos entender como el día en que Dios lo seleccionó a Él para ser su Cordero y poderlo ofrecer al final de la semana para quitar los pecados. Esta es la razón por la que Pablo en 1ª Corintios dice: "Jesucristo es nuestra Pascua".Hay una declaración muy interesante que es usada en el Salmo 49 donde Dios dice: "Ninguno de ellos podrá en manera alguna redimir al hermano, ni dar a Dios su rescate (porque la redención de su vida es de gran precio, y no logrará jamás". Esta es una clara y gran declaración.

Nadie puede redimir a nadie, ningún humano puede redimir a otro humano. No te puedes redimir a ti mismo, no puedes redimir a nadie. Solo el Dios hombre, Jesucristo, nuestro Cordero de la Pascua, puede pagar el altísimo precio. Un altísimo precio que no es corruptible como el oro o como la plata. Podemos ver en muchas ocasiones en de la historia de Israel, Éxodo 30, cuando ellos contaban a sus hombres porque confiaban más en su poder, y confiaban más en sus números, y confiaban más en su fuerza en lugar de confiar en Dios para ir a la batalla en contra de sus enemigos, y Dios los castigó, Dios bajó juicio sobre ellos por actuar de esta manera. Dios también les dijo que había una forma de deshacerse de ese castigo a través de oro o de plata (Éxodo 30) pero era una redención temporal.

Pero ninguna cantidad de dinero ha podido nunca redimir a un alma debido a que el costo es muy, muy alto. Y parece que Isaías captó esta idea. En 52:3 dijo: "Porque así dice Jehová: De balde fuisteis vendidos; por tanto, sin dinero seréis rescatados". No hay ningún bien de este mundo que pueda ser usado para redimirte. Solamente, como lo dijo Pedro, "solo la preciosa sangre del Cordero sin mancha quien es nada menos que Jesucristo". Su muerte se convirtió en el sacrificio redentor. Y en ese mismo pasaje, 1 Pedro 1:20 y 21, dice: "mediante el cual creéis en Dios". Ustedes han entrado en una relación con Dios a través de Cristo.

Y esta es la forma en la que nosotros tenemos que ver la muerte de Jesucristo para que podamos ser salvos. Los judíos de hoy en día no lo creen, ellos rechazaron a Jesucristo, ellos continúan creyendo que Él fue golpeado, maltratado y afligido por Dios debido a sus propios pecados, debido a que era un blasfemo. Pero ustedes y yo conocemos más que ellos, nosotros creemos la verdad así como algún día ellos creerán en esta verdad también.

El Cordero en silencio

Ahora esto nos lleva nuevamente a los versículos 7 al 9. Estos tres versículos se refieren a eventos específicos de la vida de Cristo. El versículo 7 se refiere a su juicio. El versículo 8 a su muerte. Y el versículo 9 hace referencia a su sepultura. Nuevamente, con un detalle impresionante, y lo que vemos aquí es el Siervo sacrificado en silencio. Muestra la idea de que Él está dando voluntariamente su vida, que está deseándolo y obedientemente sometiéndose en silencio a los propósitos de Dios y a su voluntad, como lo dice el versículo 10, maltratado, quebrantado, sujetado a padecimiento, ofrecido como una ofrenda de culpa, esta es la voluntad de Dios. Él lo sabe y dice, no es por mi voluntad, sino para que tu voluntad sea hecha. Y entonces se somete por completo a ella.

Esta sujeción se demuestra por medio de su comportamiento; Él está en silencio en su juicio y obviamente está en silencio en su muerte y en su sepultura. No hay ninguna protesta por estas situaciones. Él está en silencio en los versículos 7, 8 y 9. De hecho, solo para recordarlo, Él está en silencio en todo el capítulo. El mesías nunca habló en este capítulo, nunca. Él está sufriendo en silencio en todo este capítulo y especialmente en los versículos 7 al 9, porque es aquí es donde la cosa realmente se pone fea. El versículo 7 es acerca de su juicio, "él fue oprimido". Este término tiene que ver con todas las formas de injusticia que llegaron a Él. Es repetida nuevamente en el versículo 8 por cárcel y juicio. Y su opresión es ligada al juicio, y este es un término judicial que habla específicamente de un evento jurídico. Así que esto es la opresión que vino en su contra y en especial en su juicio. Su arresto, una experiencia horrible, y el subsecuente abuso al que fue arrastrado por los falsos testigos mentirosos, y todas las otras cosas y situaciones que vinieron con todo esto sin que hubiera un crimen cometido por Él; no había ninguna evidencia que lo demostrara. Repetidamente hubo declaraciones acerca de su inocencia. Él fue abusado físicamente, escupido, le dieron con el puño en la cara, fue golpeado en la cabeza con varas, le fue colocada una corona de espinas en su cabeza. Ustedes saben todo esto. Todo lo que le ocurrió en su juicio y el veredicto que se alcanzó.

Una pequeña explicación acerca del verbo "afligido"-"él fue afligido". Literalmente es un pasivo en el hebreo; Él permitió ser afligido asimismo. Él permitió ser afligido. Él estaba bajo una jurisdicción ilegal, sin conciencia, injusta, y permitió Él mismo ser afligido. Y esto puede ser lo que Pablo nos trata de trasladar, "Él se humilló asimismo", porque este verbo puede llegar hasta este punto en su significado. Permitió ser afligido asimismo, capturado en la noche, arrestado en el huerto, juzgado ilegalmente en la noche, ser falsamente acusado, torturado, atormentado, y entonces el veredicto entregado es que Él debe morir y morir por medio de la crucifixión. No dijo nada, no abrió su boca, está como un cordero que es llevado al matadero, y como una oveja que está en silencio delante de sus trasquiladores, de este modo Él no abrió su boca. Está como una oveja cuando va a ser sacrificada o trasquilada, no dice nada. Esto es, no dice nada en defensa por sí mismo, nada de ninguna índole. Él no pronuncia ninguna palabra para defenderse, acepta el juicio injusto de los hombres con tal de aceptar el correcto juicio de Dios para convertir a los pecadores injustos en los recipientes de justicia.

El juicio del Cordero

Así que en el versículo 7, como ya vimos, tiene la imagen de su juicio. Él es llevado para ser sacrificado y va en silencio de camino al matadero. El versículo 8 nos lleva a su muerte: "Por cárcel (siendo oprimido)", nos traslada a de regreso al versículo 7 a su juicio, "y por juicio fue quitado". Términos legales. La cárcel fue lo que le otorgaron por medio de injusticias; el juicio es el veredicto y la expresión "fue quitado" esto es simplemente el hecho de que fue entregado para ser ejecutado, entregado a su sentencia. Todo esto está hablando acerca de un proceso, un proceso legal. La cárcel, su arresto, el ser confinado, juicio, es un proceso judicial, y el veredicto final es "ser quitado" significa justo lo que dice, ser ejecutado. Pilato ordenó su ejecución, y ordena que sea llevado a cabo de la manera que los esclavos eran ejecutados. Él es el Esclavo de Jehová. Él es ejecutado a la manera de esclavo y su muerte es descrita en esas palabras: "fue quitado de la tierra de los vivientes," versículo 8. Ser cortado de la tierra de los vivientes, una expresión judía que aparece muchas veces en el Antiguo Testamento. Daniel 9:26, hablando acerca del Mesías, dice: "se quitará la vida al Mesías". Daniel también predijo su muerte.

Será ejecutado, esto es lo que significa esta expresión; será asesinado, es una manera más dramática de decirlo, cortado de la tierra de los vivientes, ejecutado, como un Cordero es llevado al matadero. Esta misma expresión es usada en Jeremías 11:19 para referirse a sí mismo. Jeremías se vio a sí mismo como un cordero que iba ser sacrificado. Así que vemos que esta es una expresión común, ser cortado de la tierra de los vivientes. A pesar de todo lo que Él era, a pesar de todo lo que hizo, y todo lo que dijo, la más horrenda injusticia de la historia humana es cometida en contra de Él y es ejecutado.

La declaración principal en este versículo es acerca de su generación; se hace una pregunta ¿quién la contará? Esta generación se refiere a aquellos que consideraron que Él había sido cortado de la tierra de los vivientes. ¿Quiénes son los que consideraron esto? ¿Quién consideró que Él había sido violentamente ejecutado? ¿Quién se levantó para hacer una protesta? Esto es lo que significa quien la contará. ¿Quién lo vio como era? ¿Dónde estaban los abucheos por los fariseos o cualquier otro aguerrido adherente a la orden y tradición judía y de la ley? ¿Dónde estaban los rabinos? ¿Dónde estaban los escribas? ¿Dónde estaban todos?

Aquí encontramos en una profecía 700 años antes de que suceda, el pronunciamiento de que nadie lo defendería, nadie va a hacer ninguna acción con la intención de defenderlo. ¿Dónde estaban los discípulos? Bueno, ellos estaban viviendo exactamente lo que dice Zacarías 13:7 "Hiere al pastor, y serán dispersadas las ovejas". Ellas ya se habían ido. Ellos ya se habían dispersado. Mateo dice que huyeron y Marcos dice exactamente lo mismo, que el pastor fue herido y las ovejas fueron esparcidas. ¿Quién estaba ahí para defenderlo?

Cabe mencionar que había una costumbre de lo más fascinante entre los judíos, cuando se llevaba a cabo un juicio que pudiera llevar al veredicto de ejecución, se requería que antes de que este se realizara hubiese un período de tiempo para permitir que alguna persona viniera y defendiera la inocencia de aquel que iba a ser ejecutado. Básicamente este periodo consistía en 40 días. Esto lo encontramos en su literatura; 40 días deberían pasar entre la declaración de muerte y la ejecución en sí misma, un período de tiempo dentro del cual alguien podía hablar a favor del acusado y defender su inocencia, esto solo nos hace pensar en el horror que fue todo este proceso.

Ellos no respetaron esto; de hecho esta es la razón por la que desarrollaron el juicio durante la noche, para que así no hubiera nadie que los pudiera interrumpir. Y ese mismo día, al amanecer, simple y llanamente ejecutaron todas esas acciones que provocaron su muerte justo después del mediodía. ¿Dónde estuvieron los 40 días? En la historia temprana del cristianismo esto debió haber sido preguntado, ¿por qué los judíos violaron esto? La respuesta a esto parece encontrarse en una declaración del sanedrín quien hizo la siguiente afirmación. Esta se encuentra en el Talmud judío, folio 43. Esta dice así: "Hay una tradición sobre la víspera del sábado y la Pascua en que colgaron a Jesús. Y el heraldo fue delante de él durante 40 días clamando: 'Jesús va a ser ejecutado por que ha practicado la brujería y sedujo a Israel y lo alejó de Dios. Permitamos que alguien venga y de una súplica a su nombre, que venga y nos dé información concerniente a su inocencia, pero ningún alegato para justificarlo fue encontrado y entonces fue colgado la víspera del sábado y la Pascua'". Esto se encuentra en el Talmud de los judíos, una mentira acerca de que sentenciaron a Jesús y esperaron 40 días antes de ejecutarlo para ver si alguien aparecía, y nadie apareció. Esto se encuentra en el Talmud judío que fue escrito por el sanedrín para cubrir sus huellas.

Un rabino llamado Ulla, comentando acerca de esto, dice: "¿Pero creen ustedes que él puede pertenecer a aquellos de los cuales se esperaba una súplica por su inocencia?" En otras palabras, Él ni siquiera pertenecía a la categoría de personas para quienes quisieran buscar un alegato de justificación. Él era un seductor que alejaba a la gente de Dios y el Dios todo misericordioso había dicho: "No perdonarás a quien tal haga". Este rabino dijo que Él no valía ni siquiera la pena de una súplica de inocencia a su favor.

Así que cuando Isaías 53 inicia: "¿Quién ha creído a nuestro anuncio? ¿Y sobre quien se ha manifestado el brazo de Jehová?" No fuimos nosotros.

¿Y qué tan extremo fue su rechazo? Fue tan extremo que aun después de que le hicieron todo eso, y aún después de que resucitó de los muertos, y aún después de que la Iglesia nació delante de su vista y empezó a crecer, ellos tramaron una mentira para ponerla en el Talmud y decir que le habían dado 40 días y que nadie apareció para defenderlo. Después de esa declaración, ¿cómo aparecería alguien? Según ellos Él no pertenecía a la categoría de personas que eran consideradas dignas de que alguien alegara a su favor. Ellos despreciaron cualquier cosa que tuviera que ver con Jesús, y esto es muy profundo. Y déjenme decirles algo: la forma como los llamados cristianos —falsos cristianos— han tratado a los judíos a lo largo de la historia de la humanidad no ha ayudado a cambiar esto. Si nos remontamos muchos años atrás en la historia, en los primeros años de la Iglesia Católico Romana, vemos que ahí había un antisemitismo muy marcado, este creció y se desarrolló bajo su dogma católico. Y aun con los reformadores continuó desarrollándose esta animosidad contra los judíos.

Así llegamos a la Ilustración, esa etapa de la historia denominada también como Siglo de las Luces, conocido por su progresismo, esa etapa cuando la humanidad rechazó la religión y tomaron corrientes racionalistas. Después surgió la etapa de Hitler, y fue provocada por movimientos cristianos, falsas formas de cristianismo. Y podemos decir que eso continúa hasta nuestros días. Nuestra actitud hacia el pueblo judío tiene que ser una de amor ilimitado y compasión y tener celo evangelístico hacia ellos, a pesar de que ellos han rechazado todo acerca del Mesías.

El sanedrín declara esto acerca de sí mismo. Ellos estaban para justificar y no para condenar, para salvar vidas y no para destruirlas. Este era como su código personal. Consecuentemente este tratamiento que dieron a Jesús violaba todo lo que ellos mismos decían, esto nos habla de lo mucho que lo odiaron.

Lo que ellos están diciendo en este pasaje del Talmud es que ninguno se atrevió a levantarse y tratar de defender a ese vil seductor. A nadie le importó, esto es exactamente lo que dice Isaías que sucedería. "Y en cuanto a su generación, ¿quién tuvo en cuenta que él fuera cortado de la tierra de los vivientes…?" (Isaías 53:8, LBLA). De la gente que vivió en los tiempos de Jesús, ¿quién pensó en esto? ¿Quién consideró lo que estaba pasando, que Él estaba siendo ejecutado? ¿Quién supo que él estaba siendo cortado" por las transgresiones de su pueblo", los judíos? A eso se refiere la frase "mi pueblo", este es un término técnico para los judíos, usado en el capítulo 40, en el capítulo 51, en el capítulo 52, y nuevamente aquí para referirse a Israel. ¿Quién tuvo siquiera idea de que Él estaba recibiendo un golpe de juicio por parte de Dios, no por sus propias transgresiones, sino por las transgresiones de su pueblo? Nadie lo pensó así, ninguno de los judíos pensó así y continúan sin pensarlo así.

Recordarás también a Caifás en Juan capítulo 11, quien estaba muy preocupado acerca de lo que los romanos iban a hacer, quitarle su poder, y entonces él dice, ¿es mejor que matemos a Jesús o que los romanos nos maten? Es mejor que muera un hombre y no una nación. Entonces pronunció la profecía de que moriría por la nación; y Él murió por la nación, por los judíos y por todas la naciones que pusieren su fe en Él.

En Isaías 55:5 leemos: "llamarás a gente que no conociste, y gentes que no te conocieron correrán a ti, por causa de Jehová tu Dios, y del Santo de Israel que te ha honrado". Esta es la promesa de salvación a los gentiles; y entonces la promesa es extendida a todo el mundo: "Buscad a Jehová mientras puede ser hallado, llamadle en tanto que está cercano. Deje el impío su camino, y el hombre inicuo sus pensamientos" (vers. 6-7), y así continúa. Aquí se encuentra una invitación a venir desde cualquier nación que no haya conocido a Dios. Como lo dijo Jesucristo, "ovejas de otro rebaño". Los judíos supieron que Jesucristo fue golpeado con la muerte, ellos creyeron que Dios mismo lo golpeó con la muerte a causa de sus propias blasfemias. Y tal blasfemo no valía la pena para nadie, y así nadie presentó defensa en su favor. La verdad es esta, Él fue golpeado con la muerte por Dios a causa de las transgresiones de su pueblo, incluyendo judíos y gentiles, y en especial un día la nación de Israel lo reconocerá.

El Cordero sepultado

Esto nos lleva al versículo 9 en su sepultura: "Y se dispuso con los impíos su sepultura". Detengámonos aquí por un momento. Este es un relato sorprendente y encontramos muchísimos detalles. "Y se dispuso con los impíos su sepultura". ¿Porqué su sepultura fue junto con hombres malvados y pecadores? Bueno porque Él murió como un criminal, le colocaron a un criminal en cada uno de sus lados. Si tú mueres a causa de una vida pecaminosa y malvada, de acuerdo a Jeremías 25:33, tendrías que ser tratado en una forma degradante y no merecerías una sepultura adecuada. Esto era en gran manera parte de su cultura; el máximo desprecio era dejar un cuerpo para que se desintegrara, o fuera atropellado, o simplemente lanzado al fuego sin tener una sepultura adecuada. De acuerdo a Jeremías 25:33 esto es una ilustración de ello. Jesús fue crucificado en medio de dos criminales (Lucas 23:33; Mateo 27:38). Esto era algo normal, morir en la cruz por asfixia, y lo dejaban ahí. Lo dejaban ahí muerto para que las aves destrozaran sus rostros, o bien para que todo tipo de animal que fuera capaz de trepar a la cruz mordiera su carne; lo dejaban ahí con el propósito de advertir a otros que estuvieran viendo lo que sucedería a la gente que violaba las leyes romanas, o bien que se revelaba en contra del poder romano. Esto fue lo que planearon para Él. Luego tomarían los restos que quedaran y los lanzarían a la basura. El basurero de la ciudad de Jerusalén se encontraba en el valle de Hinom, el lado sureste de Jerusalén, era literalmente el basurero, y había ahí un fuego que nunca se apagaba, un fuego constante. Este es un punto de mucho interés histórico; este era el lugar donde los judíos apostatas y los seguidores de Baal, así como de otros dioses de Canaán, quemaban a sus hijos al dios Moloc. Pueden leer esto en 2 Crónicas 28:33. En Jeremías 7 se habla acerca de esto. Este es el lugar donde ofrecían a sus pequeños hijos a Moloc; ahí fue donde el rey Acaz sacrificó a sus hijos (2Cr. 28).

Este es el lugar que Isaías identifica al final de su profecía como el lugar en donde el gusano nunca muere, y Jesús nos dice que esta es una descripción del infierno en Marcos 9, y lo repite tres veces. Este era un horrible lugar donde tiraban todo lo que sobraba de las cosechas, los rabinos lo describían como el lugar de un fuego perpetuo que consumía todas las inmundicias y los cadáveres que eran lanzados ahí. Así que Él fue ejecutado con criminales y terminaría como los criminales.

Pero Dios no permitiría que esto sucediera. El Salmo 16 dice que no permitiría que su Santo viera corrupción. Dios nunca permitiría que esto sucediera, así que el verso 9 dice que aquí hay un cambio sorprendente. "Y se dispuso con los impíos su sepultura, mas con los ricos fue en su muerte". ¿Cómo sucedió eso? En su muerte se encontraba allí junto a Él todo el tiempo un hombre rico llamado José de un lugar llamado Arimatea. Este hombre, José, se había convertido calladamente en un discípulo de Jesucristo, digamos que en secreto, y era muy rico. Mateo 27:57-60: "Cuando llegó la noche, vino un hombre rico de Arimatea, llamado José, que también había sido discípulo de Jesús. Éste fue a Pilato y pidió el cuerpo de Jesús. Entonces Pilato mandó que se le diese el cuerpo. Y tomando José cuerpo, lo envolvió en una sábana limpia, y lo puso en su sepulcro nuevo, que habían labrado en la peña; y después de hacer rodar una gran piedra a la entrada del sepulcro, se fue". Él debería haber sido atropellado, debería haber estado en el basurero, pero termina en un sepulcro completamente nuevo que era propiedad este hombre rico. Exactamente como el Espíritu Santo lo reveló a Isaías años atrás.

¿Por qué? ¿Por qué es importante? Esto se nos dice al final del versículo 9; esto es lo más interesante: "aunque nunca hizo maldad, ni hubo engaño en su boca". Esta es otra manera de decir que Él era Santo por dentro y por fuera. Porque de la abundancia del corazón habla la boca. No hubo nada en su boca referente a cuestiones pecaminosas. No hubo un comportamiento de una naturaleza pecadora, debido a su santidad, Hebreos nos dice que era Santo, sin engaño, separado del pecado, que era una persona sin pecado, un Cordero sin mancha, y el Padre no permitió que acabara en el basurero, es decir que viera corrupción.

¿Y porqué todo esto? Este es un pequeño testimonio de su perfección Santa, sin pecado, que es dada por el Padre y este es el pequeño paso que da el Padre para su exaltación, aun antes de su resurrección el Padre está diciendo: "No permitiré más humillación". No puede haber más humillación. Esto es lo más bajo a lo que Él puede llegar, al darse asimismo a la muerte, y aun a una muerte de Cruz, y ahí es donde la humillación termina. Este es el primer paso que Dios está dando para honrar a Jesús en su sepultura porque no había pecado ni dentro ni fuera de Él. Y en unas pocas horas al tercer día, saldrá de la tumba, y en su ascensión recibirá toda la gloria del Señor, este es un dulce testimonio del hecho de que la humillación había terminado.

Y saben, Pablo era uno de estos judíos incrédulos. Pablo tenía tanto odio por Jesucristo que mataba cristianos. Respirando amenazas de muerte contra la Iglesia, como dice Hechos 9, iba por todas partes, por donde podía, con cartas de las autoridades y mataba a todos los cristianos que encontraba o bien los lanzaba a la cárcel para deshacer ese movimiento. Pablo fue un verdugo tan malo como pudo serlo hasta el momento en que se encontró camino a Damasco, llevando en sus manos órdenes para perseguir cristianos, y recordarán lo que sucedió, el Señor lo detuvo, lo cegó, se presentó así mismo, y esto culminó en una transformación total del apóstol Pablo. Y Pablo da un testimonio que en realidad es una especie de microcosmos, es una vista previa del tipo de testimonio que los judíos van a dar en el futuro, y también es tu testimonio y el mío. En 2 Corintios 5:16 Pablo dice: "a Cristo conocimos según la carne". El apóstol está diciendo que supo acerca de Jesucristo, que lo conoció como hombre; y que tenía la típica visión de un rabino celoso y apasionado, él tenía la misma actitud que tenían los judíos en contra de Jesucristo. Esto es a lo que se está refiriendo con "a Cristo conocimos según la carne, (pero) ya no le conocemos así".

Pablo no vio a Cristo en la forma en la que lo había visto siempre. En el camino a Damasco su punto de vista fue completamente alterado, de este modo también fue alterado tu punto de vista y el mío acerca de Jesucristo. Él vio a Cristo en el camino a Damasco y nunca volvió a ver a Cristo de la misma manera. Tú y yo podemos no haber estado nunca en el camino a Damasco o en cualquier lugar cerca a Damasco, pero tú has tenido una experiencia tipo Damasco si eres creyente, porque ahora ves a Jesucristo completamente diferente a como lo veías antes de que lo conocieras. Y de esta manera lo harán los judíos; porque Pablo, en Romanos 1 estaba escribiendo teniendo en su mente a Isaías 53. Esta es la manera en la que comienza Romanos: "Pablo, siervo de Jesucristo, llamado a ser apóstol, apartado para el Evangelio de Dios, que él había prometido antes por sus profetas en las santas Escrituras". Pablo conocía Isaías 53 porque este aparece en sus escritos. El Evangelio que él predicaba era un Evangelio que estaba fundamentado en este capítulo. Así que aquí tenemos al Cordero en silencio, que es cortado de la tierra de los vivientes por las transgresiones de mi pueblo, y por la transgresión de mi pueblo fue herido. Nosotros no somos Israel sino la Iglesia, y esta es incorporada en el Nuevo Pacto, ahora nosotros somos parte de su pueblo, ¿de acuerdo?

Oración

Señor, te agradecemos nuevamente por la claridad y el poder de esta maravillosa porción de la Escritura. No nos sorprende que este sea llamado el quinto evangelio porque este contiene todas las cosas que son ya familiares para nosotros en el Evangelio de Mateo, Marcos, Lucas y Juan. Estamos sorprendidos de lo que contienen las Escrituras que están en nuestras manos, documentos antiguos con detalles acerca del futuro, y cada uno de ellos preciso y perfecto en cada detalle. Este es tu libro y tú lo has escrito, y este es la verdad, la verdad que salva. Nosotros sabemos que la fe que salva viene por el oír la verdad referente a Cristo, las palabras concernientes a Cristo, el mensaje concerniente a Cristo, y nosotros lo hemos escuchado. Lo hemos escuchado y estamos ansiosos de llegar a la siguiente sección para hablar acerca de su resurrección, porque la salvación viene a aquellos que creen en Él, en su muerte y su resurrección, confesando a Jesucristo como Señor, y confesando que tú lo levantaste de los muertos, creyendo en esto podemos ser salvos. Esta es la manera en la que tú darás a conocer la salvación a todos los que están aquí y que continúan fuera de tu reino, a todos aquellos que se dirigen al infierno eterno sin esperanza. Permite que ellos vean la gloria de Cristo, y por tu poder sean ellos capaces de cambiar su forma de pensar acerca de Jesucristo. No permitas que ellos no vean a Cristo de una manera diferente a partir de hoy, sino que ellos sean capaces de ver la gloria y la verdad que hay en Él.

Padre, ahora te pedimos que tú pongas estas cosas en nuestros corazones, que las coloques dentro de nuestras mentes de tal manera que nosotros seamos capaces de pasarlas a otros y proclamar este maravilloso Evangelio. Estamos profundamente agradecidos por ese sacrificio que hiciste tú, nuestro bendito Salvador, tomando la paga por nuestras transgresiones. Ahora tomamos todo esto no solo con fe sino también con gratitud y te damos a ti toda la gloria. Amén.

REFLEXIONES PERSONALES

09_El siervo soberano.
Parte 1

Con todo eso, Jehová quiso quebrantarlo, sujetándole a padecimiento. Cuando haya puesto su vida en expiación por el pecado, verá linaje, vivirá por largos días, y la voluntad de Jehová será en su mano prosperada.

Verá el fruto de la aflicción de su alma, y quedará satisfecho; por su conocimiento justificará mi siervo justo a muchos, y llevará las iniquidades de ellos.

Por tanto, yo le daré parte con los grandes, y con los fuertes repartirá despojos; por cuanto derramó su vida hasta la muerte, y fue contado con los pecadores, habiendo él llevado el pecado de muchos, y orado por los transgresores.

Isaías 53:10–12

BOSQUEJO

— Introducción

— Las dos Teologías: Sufrimiento y Gloria

— El enigma mesiánico

— La salvación futura de Israel

— La perspectiva de Dios

— Las ofrendas judías

— La obra de Cristo completada

— Oración

NOTAS PERSONALES AL BOSQUEJO

SERMÓN

Introducción

Este es el mensaje número nueve de nuestro estudio, y creo que concluiremos esta serie con un siguiente mensaje. Tengo que confesarles a ustedes que lo que les enseño no es el 100% de lo que yo he aprendido acerca de este capítulo. Y nada de lo que les he enseñado se acerca al límite de las profundidades, de las alturas y de la anchura de esta sorprendente porción de la Escritura. En mi opinión esta es una porción que no tiene fin en cuanto a lo que podemos aprender de ella, ya sea en su profundidad o en su extensión. De hecho se podría predicar literalmente cada línea que hay en este increíble pasaje de la Escritura.

También diré que tal vez sea la más grande evidencia de la inspiración y autoría divina de la Santa Escritura, de cualquier parte de la Escritura, porque 700 años antes de la llegada de Jesucristo, registra los detalles que fueron cumplidos durante Su encarnación, Su humillación y Su exaltación. Es una sorprendente porción de la Escritura, y aunque hemos pasado diez semanas en ella, no es sino una cata de este capítulo, y les recomendaría que con diligencia y fidelidad se entregaran a sí mismos a este capítulo mucho más allá de la conclusión de esta serie, que probablemente ocurra el próximo domingo.

El tema de esta porción de la Escritura que hemos estado viendo, comenzando en el 52:13 y hasta llegar al 53:12, es el Siervo de Jehová. Es un cántico del Siervo, el Mesías, quien es prometido por Dios para venir a traer salvación a Su pueblo y al mundo. Es el cuarto cántico del Siervo en esta porción de Isaías. Hay uno en el capítulo 42, otro en el 49, otro más en el 50, y luego este, que es el más poderoso y completo de estos cánticos del Siervo. También es la profecía más completa e inclusiva acerca del Señor Jesucristo en cualquiera de las páginas del Antiguo Testamento. Y debido a que hemos iniciado un estudio titulado: "Hallando a Jesús en el Antiguo Testamento", hemos venido primero aquí, porque aquí en Isaías 53 es donde se le encuentra de manera más inclusiva y completa. Y aunque ese será nuestro tema de hoy, no quiero comenzar allí.

Quiero comenzar en Lucas 24, así que, abran allí sus Biblias. Aquí encontramos a nuestro Señor Jesús en el camino a Emaús. Ha sido crucificado, pero ahora es domingo y Él está vivo. Ha muerto y ha resucitado. Va andando por el camino a Emaús con un par de sus discípulos que están lamentando el hecho de que Él ha muerto y no saben de su resurrección. Jesús les habla, y veamos lo que dice en los versículos 25-27: "Entonces él les dijo: ¡Oh insensatos, y tardos de corazón para creer todo lo que los profetas han dicho! ¿No era necesario que el Cristo padeciera estas cosas, y que entrara en su gloria? Y comenzando desde Moisés, y siguiendo por todos los profetas, les declaraba en todas las Escrituras lo que de él decían".

Las dos teologías: Sufrimiento y Gloria

El ministerio del Mesías, de acuerdo a lo que nos dice nuestro Señor, cae dentro de dos categorías. Dos grandes épocas; sufrimiento y gloria, humillación y exaltación; ellos debieron haber sabido esto porque los profetas habían hablado acerca de ello. Los profetas del Antiguo Testamento habían revelado que el Mesías tendría un ministerio que podría ser descrito como de sufrimiento y un ministerio que pudiera ser descrito como de gloria.

Después en el mismo día, Jesús se reúne con el resto de los discípulos, y si vamos hasta el versículo 44, encontramos lo que les está diciendo: "Estas son las palabras que os hablé, estando aún con vosotros: que era necesario que se cumpliese todo lo que está escrito de mí en la ley de Moisés, en los profetas y en los salmos". Estas eran las tres secciones del Antiguo Testamento que eran familiares a los judíos… "les abrió el entendimiento, para que comprendiesen las Escrituras". Y nuevamente les dice "Así está escrito, y así fue necesario que el Cristo padeciese, y resucitase de los muertos al tercer día".Esta era la parte que no habían comprendido de su teología Mesiánica. Tenían una teología de gloria no una teología de sufrimiento. Nuestro Señor tiene que identificar para ellos que tenía que sufrir; que sufriría. Y cuando Él dice esto ya ha sufrido. En su teología no había lugar para un Mesías sufriente. Como ya les dije, haciendo una profunda investigación de toda la literatura judía del pasado, no hay evidencia de que ellos hayan creído que el Mesías vendría a sufrir, menos aún que Él fuera el sacrificio por sus pecados. Así que les digo nuevamente, ellos tenían una teología de un Mesías glorioso, de que el Mesías sería un rey y un gran gobernante, pero no una teología de alguien que sufriría. Así que Jesucristo le recuerda lo que los profetas habían dicho, que Él sufriría, que moriría, que resucitaría, y que sería glorificado. Este es el ministerio completo del Mesías. Existen estas dos grandes realidades en toda su labor; Él sufre y muere, Él resucita y reina.

Pedro comprendió esto en 1 Pedro 1:10-11, él dice, "acerca de esta salvación, escudriñando qué persona y qué tiempo indicaba el Espíritu de Cristo que estaba en ellos, el cual anunciaba de antemano los sufrimientos de Cristo, y las Glorias que vendrían tras ellos". No puedes entender a la persona y obra de Jesús fuera de estas dos categorías: el sufrimiento y la gloria. Estos son los elementos del ministerio y obra del Mesías, y estas dos resumen toda la presentación que hace el Antiguo Testamento acerca del Mesías. Estas son un resumen de las profecías Mesiánicas del Antiguo Testamento.

Puedes encontrar en muchos lugares del Antiguo Testamento, en la ley, los profetas y los santos escritos, acerca del ministerio de sufrimiento del Mesías y su humillación. Están esparcidas por todo el Antiguo Testamento. Y también puedes encontrar a través del Antiguo Testamento muchas declaraciones acerca de su gloria, su exaltación; pero en ningún otro lado del Antiguo Testamento las puedes encontrar claramente juntas y con tanto detalle como lo encontramos en Isaías 52:13 y hasta 53:12. Aquí está la profecía mesiánica más completa del antiguo Testamento, detalles tan sorprendentes acerca del ministerio del Mesías 700 años antes de que Él llegue. Y todos estos detalles son comprobados con sorprendente precisión en el relato histórico; este es el lugar del Antiguo Testamento en donde podemos encontrar a Jesús.

Y lo que aprendemos aquí es que habrá dos tiempos en los que el Mesías vendrá a la tierra: la Primera Venida, sufriendo, muriendo y resucitando; su Segunda Venida, en exaltación y gloria. Él viene por primera vez como un sacrificio por el pecado, la segunda vez como el rey que va a reinar siendo Rey de Reyes y Señor de señores. Estos dos tiempos son presentados en las profecías del Antiguo Testamento. Estas profecías son presentadas juntas en Isaías 53 en una manera que pareciere que es el relato del Nuevo Testamento, donde ambas profecías son colocadas de manera clara desde Mateo hasta Apocalipsis.

Ahora para nuestro estudio de Isaías 53, y ustedes pueden regresar a esa sección, llegamos a la última estrofa, la última de cinco que hay en esta poesía acerca del Siervo, estos son los versículos 10 al 12. Aquí volvemos a ver al Siervo, quienes identifican dentro de esta sección como el Siervo de Jehová, el Siervo del Señor, y quien no es otro más que el Mesías. En la primera estrofa, el ser sorprendente Siervo; y en la segunda estrofa es el Siervo despreciado; el estrofa número tres es el Siervo sustituto; y en la estrofa número cuatro es el Siervo que está siendo sacrificado en silencio. Y ahora venimos a la sección final donde lo vemos como el Siervo soberano.

El enigma mesiánico

Para entender la sección final, versículos 10-12, necesitamos regresar a la sección de apertura en el 52:13-15, así que déjenme leer las dos en secuencia. Isaías 52, verso 13: "He aquí"... Este es Dios hablando, el señor Yahwe, Jehová mismo... "Mi siervo será prosperado, será engrandecido y exaltado, y será puesto muy alto. Como se asombraron de ti muchos, de tal manera fue desfigurado de los hombres su parecer, y su hermosura más que la de los hijos de los hombres, así asombrará él a muchas naciones; los reyes cerrarán ante él la boca, porque verán lo que nunca les fue contado, y entenderán lo que jamás habían oído". Esto presenta un enigma mesiánico, un enigma mesiánico para los judíos, para los lectores. Aquí nosotros conocemos al Mesías, al Siervo, el ebed Yahweh, el Esclavo de Dios, llamado el Esclavo de Dios debido a su perfecta obediencia. Aquí es donde nosotros lo conocemos y encontramos que Él es divino, Él es Dios, porque en el verso 13 se nos dice: "será prosperado, será engrandecido y exaltado, y será puesto muy alto". Estos tres verbos son usados para describirlo y son los mismos que se usan para describir a Dios mismo en Isaías 6. Cuando dice en Juan 12 que la visión en Isaías seis de Dios, como el alto y sublime y sentado en el trono y Santo, Santo, Santo, fue la visión de Jesucristo. Así que aquí aprendemos que el Mesías será como es Dios, será la misma esencia de Dios.

Aprendemos que Él será puesto muy en alto y exaltado; esto es lo que los judíos tenían en su teología acerca del Mesías. Él asombraría a muchas naciones; y literalmente cerraría las bocas de monarcas y gobernantes y reyes quienes quedarían asombrados ante su majestad y gloria cuando se haga presente. Ellos verán cosas en Él que nunca antes habían visto y escucharán cosas que nunca antes habían escuchado. Todo esto coincide perfectamente con la teología mesiánica de los judíos que solo enfatiza la gloria del Mesías. Él es Dios; ellos no lo vieron claramente, pero así es descrito aquí. Él es exaltado, tiene éxito, prospera; esto es lo que los verbos significan en el versículo 13. Él conquista al mundo, somete a las naciones, hace y dice cosas que nunca han sido dichas y nunca han sido hechas antes de que Él ejerza su majestad y su gobierno. Pero hay un enigma en esta declaración de apertura que viene de Dios, y está en el versículo 14. Él causará asombro por su gloria, pero también causará asombro por esta razón tan extraña: "fue desfigurado de los hombres su parecer, y su hermosura más que la de los hijos de los hombres" (Isaías 52:14). Dos veces se le identifica como hombre. Él es Dios en el versículo 13, y Él es hombre en el versículo 14. Como Dios, Él es exaltado muy en alto, como Dios debe ser exaltado. Como hombre, Él es desfigurado, le hacen cicatrices, está maltratado tan severamente, más que cualquier otro hombre, más que cualquiera de los hijos de los hombres. Esto es un enigma, el enigma de las palabras que abren esta sección de las Escrituras. ¿Quién es éste? Y esto viene de Dios mismo. Jehová Dios está hablando. Aquí es donde se encuentra el misterio; aquí está el misterio que es imposible, que a primera vista sea revelado, cómo es que esta gloriosa persona, está asombrosa, maravillosa, majestuosa, y poderosa persona puede al mismo tiempo ser desfigurada y herida, más desfigurada que cualquier otro ser humano, y finalmente se nos dice en el versículo 15, y será glorificado.

¿Quién es este y qué significa todo esto? Bueno, nosotros sabemos lo que significa. El Mesías será tanto exaltado como humillado. Lo encontramos en Filipenses 2: se humilló asimismo y Dios lo exaltó grandemente. El Siervo sufriente encaja bien dentro del propósito de Dios, y el propósito de Dios es que vendría en humillación pero también vendría en exaltación. Ambos, su humillación y su exaltación, son prometidos por Dios aquí. Jehová es el que está hablando; este es el plan de Dios; esta es la promesa de Dios; estas son las palabras de Dios. El Siervo sufriente de Jehová, el Mesías desfigurado, no es una víctima sino más bien el victorioso Hijo de Dios escogido por el Padre, capacitado por el Espíritu para sufrir y para recibir la gloria. ¿Cómo sucedió esto?

La respuesta a este enigma se encuentra en los versículos 13 al 15 del capítulo 53. Esto explica tanto su sufrimiento y su propósito, como su gloria y su propósito. Este capítulo entonces, el capítulo 53, contiene las más importante verdad que jamás haya sido dada. Las buenas nuevas de salvación para los pecadores a través de la muerte del Siervo de Jehová, el único sacrificio aceptable que pudo quitar los pecados del mundo, esta sorprendente revelación comienza con Dios hablando en los versículos del 13 al 15 y culmina con Dios hablando nuevamente iniciando a la mitad el versículo 11 y hasta el 12, Dios principia y culmina esta gran profecía. Dios prometió el plan que está en los versículos 13 al 15, y hasta el final, en los versículos 11 y 12, afirma su cumplimiento. Así que es Dios quien ha planeado tanto la exaltación como la humillación de su Siervo, el Mesías. Lo que pasó con Jesucristo cuando vino, estaba en el plan de Dios, no fuera de su plan. Este era el plan de Dios. Este era el propósito de Dios.

En medio de esta declaración de los propósitos de Dios y la afirmación de esos propósitos, desde el principio y hasta el final de esta porción de la Escritura, se encuentra la sección con la cual nosotros estamos familiarizados, esto es versículo 1 hasta la primera parte del versículo 11. Aquí se nos habla acerca de una época, la penitente confesión del rechazo y el odio hacia el Mesías hecha por una futura generación de judíos. Hemos estado estableciendo en cada uno de estos sermones, comenzando desde el versículo 1, que todos los verbos están en tiempo pasado, y ellos continúan en el tiempo pasado.

¿Qué significa esto? Esto significa que no es una predicción de algo que está en el futuro, esta es una predicción de algo que está en el pasado. Pero esta claramente describe la muerte y la resurrección de Jesucristo, la cual está en el futuro. Sí, pero los judíos quienes están haciendo esta confesión están mirando hacia el pasado y reconociendo que ellos estaban muy equivocados. Los versículos 1 al 11 son básicamente el contenido de la confesión de la nación de Israel en el futuro cuando ellos hagan lo que dice Zacarías que ellos harán, "mirarán al que ellos traspasaron y se lamentarán y una fuente de limpieza será abierta para ellos y la nación será salva". Esta será su confesión.

La salvación futura de Israel

La promesa de la salvación futura de Israel se encuentra expresada en Jeremías 31, y ya la hemos visto: el Nuevo Pacto. Este se repite en Ezequiel 36, versículos 22 al 29, y hemos visto que ahí es donde Él los salva y les da un nuevo corazón y un nuevo espíritu y perdona sus pecados poniendo en ellos entendimiento acerca de Él. La promesa de la futura salvación de Israel está reiterada en Zacarías 12:13, y todo esto es afirmado por Pablo en Romanos 11:25 al 27, "y todo Israel será salvo". Sin duda alguna esta es una promesa del futuro, la salvación nacional de Israel. Y cuando llegue este momento y el Espíritu de gracia venga sobre ellos, como lo describe Zacarías, y recibirán vida repentinamente y vista al grado que se darán cuenta que ellos rechazaron y mataron y continúan odiando a su único Salvador, ellos cambiarán, cambiarán sus consideraciones, y la confesión serán estas palabras que se encuentran en Isaías 53. Es entonces cuando ellos dirán, Él fue herido por nuestras rebeliones, molido por nuestros pecados, el castigo de nuestra paz fue sobre Él, despreciado para que nosotros fuésemos sanados. El Señor hizo que nuestra iniquidad cayera sobre Él. Él fue llevado como un Cordero al matadero. Él fue cortado de la tierra de los vivientes debido a las transgresiones de mi pueblo, y por mi pueblo fue herido. Hay una salvación futura para la nación de Israel que es prometida en el Antiguo Testamento y reiterada en el Nuevo Testamento.

Ahora solo una acotación al margen, algunas personas piensan que esto es un tipo de enfoque premilenial que muchos de los teólogos históricos, y algunos teólogos amileniales, no creerían esto. Miren, no hay forma posible de descartar lo que la Biblia dice acerca de la futura salvación de Israel. Tendríamos que deshacernos de Jeremías, Ezequiel, Isaías y Zacarías. Te tendrías que deshacer de la predicación de Jesucristo, la predicación de los apóstoles, o el libro de Romanos. Y no puedes hacer esto. La futura salvación de Israel es tan clara que si tú vas a revisar la historia, por ejemplo al tiempo de los reformadores en el siglo XVII y en los siglos subsecuentes de los puritanos y reformadores, vas a encontrar que ellos creían completamente en la futura salvación nacional de Israel. Nada menos que Juan Calvino, quien murió en 1564 (siglo XVI), dice esto: "Cuando entren los gentiles, los judíos también regresarán de su error a la obediencia de la fe y de este modo será completada la salvación de todo el Israel de Dios, será de tal manera que los judíos obtendrán el primer lugar conforme a los propósitos eternos de Dios. Él amó a esta nación y lo confirma por esta sorprendente declaración; la gracia del divino llamado no puede ser eliminada". Calvino y sus amigos quienes trabajaban en la Biblia, la llamada "Biblia de Génova", escribieron en las notas de Romanos 11 este párrafo: "La ceguera de los judíos no es total al grado que pudiéramos decir que Dios no tiene elegidos en esa nación, tampoco será continua porque habrá un tiempo en el cual ellos, como los profetas lo predijeron, abrazarán de manera efectiva eso que por ahora ellos rechazaron neciamente". Todo el Comité de traductores, eruditos y teólogos que trabajaron en la Biblia de Génova afirmaron la futura salvación de Israel, y también lo hicieron una larga lista de escritores puritanos que pudiera ser nombrada en no menos de 20 o 30 minutos.

Este pensamiento también se encuentra en hombres cuyos nombres son familiares para ti, teólogos como Charles Hodge y Robert Haldane, gente como Martín Lloyd-Jones, y aun antes que ellos Charles Haddon Spurgeon. John Owen, 1616-1683, dijo lo siguiente: "Se guardan días de oración y humillación en Escocia. El objetivo en particular es que la promesa de conversión de todo el pueblo de Dios, esto es la conversión de los judíos, sea acelerada". Esta es una verdad incuestionable. Todos aquellos que fueron fieles intérpretes de la Escritura lo afirman. Uno de mis puritanos favoritos, Tomás Boston, escribió: "Viene un día en el cual ocurrirá la conversión nacional de los judíos; los judíos que ahora están cegados y han sido rechazados serán convertidos a la fe en Jesucristo en un futuro". ¿No son maravillosas noticias para los que vivimos en el mundo y percibimos cómo es Israel hoy en día? De acuerdo con Iain Murray, esta creencia de la salvación futura de Israel se encuentra ampliamente detallada en mucha de la literatura puritana del siglo XVII. Y podría continuar, pero no quiero, simplemente digamos que se encuentra por todos lados. Jonathan Edwards, en el siglo XVII en los Estados Unidos, afirmaba la salvación nacional de Israel. Todos los que son fieles estudiantes de las Escrituras encuentran imposible escapar a esta verdad. Así que cuando esto suceda, de acuerdo a lo que les he estado diciendo, esto será lo que ellos dirán, las palabras que se encuentran en Isaías capítulo 53. Cuando ese día llegue, cuando ese día se haga realidad, ellos mirarán nuevamente hacia aquel al cual ellos traspasaron y entonces revertirán su opinión y de sus bocas saldrán estas palabras de confesión abierta, penitente, lo que es el corazón de esto; ellos dirán: "Nosotros pensábamos..." Versículo 4... "Que Él fue herido y golpeado por Dios y afligido por sus propias blasfemias". Ahora sabemos que fue herido y golpeado por Dios y afligido debido a nuestras transgresiones, a nuestras iniquidades y todo esto fue por nuestro bien, para que nosotros fuésemos sanados espiritualmente. "Y que nuestros pecados fueron puestos sobre él y que él fue cortado por nuestras transgresiones y por nuestros pecados fue herido".

Ellos harán esta confesión, todo esto hasta llegar al versículo 11, y la palabra final le corresponde a Dios. Y desde la mitad el versículo 11 hasta el versículo 12, Dios afirma su confesión. Dios afirma que esta confesión es la verdadera confesión, y es Dios mismo el que dice justo a la mitad del versículo 11: "por su conocimiento justificará mi siervo justo a muchos, y llevará las iniquidades de ellos." Versículo 12... "derramó su vida hasta la muerte, y fue contado con los pecadores, habiendo él llevado el pecado de muchos, y orado por los transgresores". Esta es la afirmación final de Dios de que la confesión que los judíos han hecho es en efecto una confesión precisa y adecuada. Es entonces cuando Dios contesta al enigma, ¿cómo puede ser Él exaltado y humillado? Dios dice: "será humillado para cargar las iniquidades, para cargar con el pecado de muchos, pero…" En el versículo 12… "Le dará parte con los grandes, y con los fuertes repartirá despojos"; esta es su exaltación.

Así que todo esto te da el panorama acerca de lo que estamos observando aquí. Los judíos en una futura generación dirán lo que tú ya has dicho, y lo que yo ya he dicho, que Jesucristo es el único Salvador, que su muerte es una muerte vicaria, un sacrificio sustitutorio hecho por mí, hecho a favor de los pecadores. Muere como el Cordero escogido de Dios para quitar los pecados del mundo; ya que no hay salvación en ningún otro nombre sino en el nombre de Jesucristo.

La perspectiva de Dios

Habiendo hecho este repaso vayamos ahora a nuestra última estrofa. Hasta este punto las provisiones y los beneficios de la muerte del Siervo han sido vistas desde la perspectiva del pueblo, como ya dije. Y esto será verdad hasta llegar a la mitad el versículo 11. Las líneas finales de la mitad del versículo 11 hasta el 12, harán un cambio y ya no vamos a escuchar acerca de la perspectiva de los judíos, o de la perspectiva de los pecadores; ahora vamos a escuchar acerca de la perspectiva de Dios. De este modo concluye de una forma poderosa al tiempo que Dios afirma la realidad de su confesión. Esto nos lleva al versículo 10, así es que vayamos ahí.

Esto es lo que el Señor le ha hecho a su Siervo. Los judíos ahora tienen una comprensión soteriológica acerca del significado de la Cruz de Cristo. Estos judíos de la generación futura quienes hacen esta confesión muestran que ahora tienen un completo entendimiento. Ya no hay nada que le falte a su soteriología. Su Evangelio está completo, esto es sorprendente porque, recordemos, que esto está siendo dicho 700 años antes de Cristo y estas palabras que van a provenir de los judíos están siendo dichas miles de años antes de que ellos tengan un completo entendimiento de la Cruz. Ahora conocen la realidad acerca de esto. Comprenden el versículo 10 que nos dice que Jehová quiso quebrantarlo sujetándolo a padecimiento imponiendo su vida como una ofrenda por la culpa; ahora ellos lo entienden. Ellos comprenden el sacrificio vicario, sustitutorio y sacrificial hecho por Cristo tomando el lugar de los pecadores. Ellos comprenden esta doctrina medular. Ellos entienden que Él fue hecho pecado por nosotros y no conoció pecado, ellos entienden que llevó en su cuerpo nuestros pecados en la Cruz. Ellos lo entienden. Entienden lo que las epístolas del Nuevo Testamento explican en detalle, y por cierto, en el término hebreo, Señor, Yahweh, el tetragramatón, es usado aquí y es enfático. El Señor quiso quebrantar. El término "con todo esto" es enfático ya que el versículo 9 nos dice que nunca hizo maldad ni hubo engaño en su boca. En otras palabras, Él es perfectamente Santo, perfectamente justo y perfectamente libre de pecado. A pesar de su falta de pecado, el Señor quiso quebrantarlo y sujetarlo a padecimiento. No solo quebrantarlo sino que se nos habla de un tipo de quebrantamiento que es descrito con una frase que lo modifica, "sujetándolo a padecimiento".

Dicho de otra manera, el Señor le está haciendo algo que es completamente horrible. Desde luego que los hombres lo están quebrantando injustamente. Vimos esto en versículos anteriores. Los hombres están haciendo lo peor que pueden hacerle, con un juicio injusto y brutalidad y abuso, hostigamiento, golpes y bofetadas, golpeándolo con palos y coronándolo con espinas, clavándolo y traspasándolo. Los hombres están haciendo lo peor que ellos pueden hacer, lo peor que los pecadores pueden hacer y ellos se están deleitando haciendo esto. Pero aquí Dios quiso, y literalmente se deleita, en quebrantarlo. Mientras que los hombres están haciendo lo peor que ellos pueden hacer, al mismo tiempo Dios está haciendo lo mejor que puede hacer. Los hombres están haciendo lo peor por el que no tiene pecado, y Dios está haciendo lo mejor que Él puede hacer por los pecadores. Su muerte es obra de Dios; Él es el Cordero de Dios; escogido por Dios (Hechos caps. 2 y 4), elegido por el anticipado consejo de Dios; el propósito y consejo de Dios ha determinado que Él morirá. Es Dios quien colocó sobre Él la iniquidad de todos nosotros. Es Dios quien lo quebranta. Es Dios quien lo corta de la tierra de los vivientes.

Dios, quien no encuentra placer en la muerte de los malvados, como lo dice Ezequiel 18, encuentra un completo placer en la muerte del único Justo. Así es como lo llaman en el versículo 11, mi único Siervo Justo. Dios quien no encuentra placer en la muerte de los pecadores encuentra placer en la muerte del único que es sin pecado.

Ahora escuchen con mucho cuidado. El placer y disfrute de Dios en la muerte de Cristo, el placer de Dios en quebrantarlo, el placer de Dios en sujetarle a padecimiento, y déjenme decirles algo acerca de esta frase "sujetándolo a padecimiento", es una frase muy poderosa, "sujetándolo a padecimiento," porque esta nos da la idea de enfermarlo, no con algún tipo de enfermedad o dolencia, sino literalmente someterlo a una experiencia tan atroz que debilitará por completo todo su ser. Dios no solamente lo quebrantó en el sentido de matarlo, si no que se llevó a cabo una ejecución tan dolorosa como puede ser concebible o más bien inconcebible. Él es quebrantado hasta la agonía, dolorosa e insoportable. Y es Dios quien lo está quebrantando.

Esta no es la muerte de un mártir como algunos han sugerido; porque las muertes de mártires no son como esta. Cuando las dificultades físicas están presentes, ya sea que ellos sean quemados vivos, o muertos de alguna otra manera, si tú estudias la historia de los mártires encontrarás algo interesante. Hay un libro que es muy conocido, *El libro de los mártires* de un autor llamado John Foxe, si tú lees acerca de los miles de relatos de los mártires que hay allí, encontrarás que los mártires mueren entonando canciones con sus bocas. Los mártires mueren cantando, mueren declarando su fe en el Señor. Los mártires mueren con una esperanza en sus corazones, sorprendentemente, los mártires mueren... escucha... bajo el dulce consuelo de la gracia. Los mártires mueren bajo el dulce consuelo de la gracia. Los mártires mueren con el Espíritu Santo dentro de ellos, los mártires mueren palpando la presencia de Dios, los mártires mueren bajo el dulce consuelo de la gracia. Al morir, los mártires comienzan a saborear el cielo, esta es la gracia.

La muerte de Nuestro Señor no fue de esta manera. Ningún himno fue cantado después de que pasó la Pascua. Ningunas Escrituras fueron citadas, no hubo consuelo, no hubo Espíritu Santo, no hubo Padre, no hubo ninguna fuente de consuelo. ¿Por qué?, porque Jesucristo no murió bajo el dulce consuelo de la gracia. Jesucristo murió bajo los terrores de una ley implacable. Jesús murió bajo una ira divina que no pudo mitigar, no hubo consuelo, solamente hubo ira divina. Literalmente podemos decir que Jesucristo murió probando el infierno. "¿Padre, padre, porqué me has desamparado?" Ningún creyente nunca ha muerto de esta manera. Todo impío muere de esta manera. Los creyentes mueren acariciando el cielo. Todo incrédulo muere probando el infierno, de esta manera murió Jesús, probando el infierno. Él murió la muerte de un incrédulo sin consuelo, sin gracia y sin misericordia.

Los judíos no entienden, ellos no tienen un buen entendimiento acerca de la muerte del Mesías. ¿Pero cómo es que Dios "quiso"? ¿Por qué? ¿Qué fue lo que hizo que Dios quisiera? ¿Cómo es que Dios se agradó? ¿Cómo es que Dios pudo agradarse con una agonía como esta?

Pon atención, el deleite y placer de Dios en quebrantar a su Hijo de esta manera no se encuentra en el dolor que Él sufrió, sino en el propósito que esto tenía. No fue en su agonía, sino que fue en lo que esto cumplía. No fue en su sufrimiento, sino que fue en su salvación, y esto es lo que Él dice: "¿Por qué se agradó el señor? ¿Porque se agradó en quebrantarlo, en sujetarlo a padecimiento"? Literalmente en hebreo dice: "Porque se entregaría asimismo como una ofrenda por el pecado, porque Él daría su vida para salvar a los pecadores". El resultado fue lo que agradó a Dios, no el dolor, pero el dolor y la agonía fueron necesarios. Él tenía que morir bajo un completo, absoluto, sin descanso, sin consuelo, peso de la ley y de la ira de Dios.

Los judíos no lo comprendieron; Él fue la ofrenda por la culpa. ¿Por qué dirían esto?

Las ofrendas judías

¿Porque el Espíritu Santo pondría estas palabras para que Isaías las escribiera?

Te diré porqué. Existían cinco ofrendas que tenían que ofrecer los judíos, de acuerdo al libro de Levítico, donde ellos tenían el sistema sacrificial prescrito por Dios, existía la ofrenda encendida, la ofrenda de granos, la ofrenda de paz, la ofrenda por el pecado y la ofrenda por la culpa. Tres de estas eran sacrificios. La primera, la ofrenda encendida; la cuarta y la quinta, la ofrenda por el pecado y la ofrenda por la culpa, eran sacrificios de animales. Las otras dos, la de granos y la de paz, no lo eran. Sin que vayamos a estudiar mucho en detalle cabe decir que tres de ellas hacían referencia a sacrificio de animales. Estas tres que referían sacrificios de animales eran imagen de los resultados de la muerte por el pecado; el pecado produce muerte. Estas también eran una esperanza ya que Dios permitía que un sustituto estuviera en lugar del pecador, y el sacrificio de un animal simbolizaba el hecho de que Dios proveía un sustituto. Y justamente ninguno de estos animales era ese sustituto; estos solo apuntaban a la realidad de que habría un sustituto.

Pero de esas tres ofrendas que involucraban animales —el holocausto, la ofrenda por el pecado y la ofrenda por la culpa— la última es la ofrenda más inclusiva. Esta añade una dimensión que las otras no tienen. No quiero entrar en todos los detalles, pero esta añade una dimensión que las otras no tienen. Y la mayoría de los comentaristas estarían de acuerdo en que la característica de la ofrenda por la culpa, también llamada la ofrenda por la transgresión, es que añadía la dimensión de restitución, o satisfacción, o propiciación, que es un verbo que significa ser satisfecho. Esta es la última ofrenda que se encuentra en los primeros siete capítulos del libro de Levítico. Es un avance de las otras. Por cierto, la ofrenda por el pecado y la ofrenda por la culpa eran ofrendas que se ofrecían todos los días en los sacrificios de la mañana y de la tarde. Así que los judíos tenían estas ofrendas todo el tiempo. La ofrenda por la culpa avanzaba las nociones e ideas de la ofrenda por el pecado. En la ofrenda por el pecado se expresaba arrepentimiento. En la ofrenda por el pecado se reconocía que el pecado trae muerte y se reconocía la esperanza de un sustituto. Pero en la ofrenda por la culpa, debido a que todo el animal debía ser puesto sobre el altar, había una imagen de culminación o completa satisfacción.

Los judíos verían que la ofrenda de Cristo era la ofrenda por la culpa en el sentido de que era la ofrenda más completa. Esta proveía entera satisfacción, completa restitución, total propiciación. La satisfacción de la justicia de Dios se demuestra en la plenitud de ese sacrificio. La deuda está completamente pagada y el pecador queda libre. ¡Qué bueno es saber que Él es el holocausto y la ofrenda por el pecado! Él es la ofrenda por la culpa que cubre todo lo que las otras dos cubren y agrega la maravillosa dimensión de satisfacción divina completa, el sacrificio del Siervo como el pago compensatorio pleno a Dios para satisfacer su justicia Santa y para pagar por completo la pena por todos los pecados de todos los que creerían. Entonces aquellos cuyos pecados están pagados, serán perdonados para siempre. Juan dice: "Y él es la propiciación (la ofrenda por la culpa, la ofrenda por la transgresión) por nuestros pecados; y no solamente por los nuestros, sino también por los de todo el mundo".

Esto es entender el Evangelio, que Cristo es la completa satisfacción. El sacrificio completo al cual nada se le puede añadir. Dios quedó satisfecho. Esta es la razón por la que Dios se agradó. Él quiso quebrantarlo, no porque se deleitara en la agonía, sino porque se deleitó en el sacrificio sustitutorio. Satisfecho porque Él era la ofrenda por la culpa para todos los creyentes desde Adán hasta el final. Él pagó por completo la justicia divina. Los judíos pueden tener un completo entendimiento del significado de la Cruz.

La obra de Cristo completada

Pero no nos detengamos aquí. Aquí hay más acerca de su confesión. La segunda mitad del versículo 10 y la primera del 11: "verá linaje, vivirá por largos días, y la voluntad de Jehová será en su mano prosperada. Verá el fruto de la aflicción de su alma, y quedará satisfecho".¡Un momento! Él está muerto. ¿Qué está sucediendo aquí? ¿Cómo podrá ver su linaje, o su descendencia? ¿Alargará sus días? ¿Llevará a cabo la obra de Dios con sus manos? ¿Lo verá y quedará satisfecho? Tendría que estar vivo, ¿no lo creen? Esta es una confesión de la resurrección, y es la imagen del nacimiento de un niño. Esto es simplemente magnífico. "Verá linaje, verá su posteridad". Esto se encuentra en tiempo futuro. Ahora los judíos cambian, en el tiempo futuro los resultados de lo que Él ha hecho: Verá linaje.

Esta es una analogía tan obvia. A todos nos gustaría ver las generaciones futuras. Por eso estamos tan preocupados por los que vienen detrás de nosotros. Existen sitios en Internet donde puedes ir y revisar una lista de toda la gente que ha muerto de tu familia. Esta es una especie de mal sustituto por el hecho de que no vas a ver a los que vengan en el futuro. Pero todos decimos: "Me encantaría ver a mis hijos, me encantaría verlos casarse; me encantaría ver a los hijos de mis hijos, mis nietos; me encantaría ver a los nietos de mis nietos; me encantaría ver hacia dónde se dirige todo esto; me encantaría ver algunas generaciones hacia adelante para ver si se mantiene la fidelidad al Señor; me encantaría ver hacia dónde va el Reino y cómo mi familia encaja dentro de los propósitos futuros de Dios". Pero yo nunca veré eso. Ustedes saben que he sido bendecido. En tiempos antiguos, después del diluvio, hubieras sido bendecido si hubieras visto una generación o dos. Yo he sido bendecido en poder ver a mis hijos y a mis nietos. No sé si veré a mis bisnietos. Ciertamente no podré ver más allá de eso porque estaré muerto. Así que, si Él ve su linaje, si ve su posteridad, tiene que estar vivo por mucho tiempo, y lo estará. Vivirá por largos días. Esto es un hebraísmo para una vida larga y perdurable. Él está vivo ahora. Así que aquí está Romanos 10:9-10. Los judíos no solamente creerán en la muerte de Jesucristo, sino que reconocerán que Dios lo levantó de entre los muertos. Aquí está la resurrección. Él verá su posteridad, verá las generaciones futuras, las verá todas porque está vivo.

Y Él tendrá que estar vivo para reinar, para ser exaltado. Me encanta esto. En Hebreos 2:9 dice: "vemos a aquel que fue hecho un poco menor que los ángeles, a Jesús, coronado de gloria y de honra, a causa del padecimiento de la muerte, para que por la gracia de Dios gustase la muerte por todos". Y luego el versículo 10: "Porque convenía a aquel por cuya causa son todas las cosas, y por quien todas las cosas subsisten, que habiendo de llevar muchos hijos a la gloria..." Detengámonos aquí un momento.

Los verá a todos. Verá a todos aquellos a quienes traiga a la gloria. Juan 6:37 y 39 dice: "Todo lo que el Padre me da, vendrá a mí... no [perderé] yo nada, sino que lo [resucitaré] en el día postrero". Vivirá para ver su posteridad. Él siempre vive para ver a sus hijos. Verá a su novia completa. Verá su rebaño reunido en la gloria. Verá a sus hijos. Maravillosa realidad.

Sí, Él prospera, eso es lo que se nos dice en el 52:13: "mi siervo será prosperado". Y aquí su prosperidad es indicada en la frase final del 53:10, "la voluntad de Jehová será en su mano prosperada". ¿Y cuál es la voluntad de Jehová? Que a través de quebrantarlo salve a los elegidos. Él lo verá. No solamente lo verá, sino que lo hará. La voluntad de Jehová tendrá éxito en Su mano. "Todo lo que el Padre me da, vendrá a mí... no [perderé] yo nada, sino que lo [resucitaré] en el día postrero".

La obra de Cristo estará completa. La voluntad y satisfacción se encuentran en salvar a los pecadores. El placer de Dios es salvar a los pecadores. Y para satisfacer su placer en salvar a los pecadores, Él tuvo que sacrificar a Su Hijo. Pero Él se deleita en quebrantar a Su Hijo para poder deleitarse en salvar a los pecadores, quienes lo adorarán y glorificarán por los siglos de los siglos. Toda esta salvación, como dice Efesios 1, es para alabanza de Su gloria.

Y existe una palabra final en su confesión, en el versículo 11: "Verá el fruto de la aflicción de su alma, y quedará satisfecho". ¿Qué es lo que Él verá? Verá que este plan llegó a su culminación. Él verá la buena voluntad del Señor siendo cumplida. Verá a su descendencia espiritual. Él verá a todos los redimidos reunidos. Dios está satisfecho por el sacrificio sustitutorio de Cristo, y Cristo está igualmente satisfecho al ver a todos sus hijos reunidos alrededor de su trono para siempre: la descendencia espiritual, los redimidos de todas las edades. Tendrá para siempre su amor, serán para siempre su novia, serán para siempre sus hijos e hijas; amándolo, adorándolo, honrándolo, sirviéndolo en su presencia y en las glorias del cielo. Y especialmente, sí especialmente, se deleitará en la salvación de esa esposa adúltera, Israel.

Escuchen Isaías 62:1-5: "Por amor de Sión no callaré, y por amor de Jerusalén no descansaré, hasta que salga como resplandor su justicia, y su salvación se encienda como una antorcha. Entonces verán las gentes tu justicia, y todos los reyes tu gloria; y te será puesto un nombre nuevo, que la boca de Jehová nombrará. Y serás corona de gloria en la mano de Jehová, y diadema del reino en la mano del Dios tuyo. Nunca más te llamarán Desamparada, ni tu tierra se dirá más Desolada, sino que serás llamada Hefzi-bá, y tu tierra, Beula; porque el amor de Jehová estará en ti, y tu tierra será desposada. Pues como el joven se desposa con la virgen, se desposarán contigo tus hijos; y como el gozo del esposo con la esposa, así se gozará contigo el Dios tuyo". Dios se regocijará en la salvación de Israel de la cual estamos hablando que sucederá en el futuro. Y del mismo modo Cristo. Y como resultado de la angustia de su alma, literalmente verá a su descendencia espiritual, incluyendo a Israel, y será completamente satisfecho. Otra manera de traducir esto sería: "Lo disfrutará al máximo". El pleno gozo y satisfacción del Siervo viene por proveer justicia, redención, perdón y cielo eterno para Sus hijos. ¡Qué día será aquél!

Las palabras finales son de Dios, la segunda mitad el versículo 11, y las veremos en nuestro próximo mensaje.

Oración

Padre, te agradecemos, conforme llegamos a la conclusión, de toda esta experiencia de adoración en esta mañana, porque Tú eres soberano y lo hemos cantado, y lo hemos visto, y lo hemos dicho y lo hemos leído, y lo hemos declarado, y hemos escuchado al profeta declararlo, y te escuchamos a Ti declararlo en Tus propias palabras, Señor, y lo afirmamos. Afirmamos que tú llamas a los hombres. Los llama a la salvación, primero que nada, y luego los llama a Tu Iglesia. Te agradecemos por esta congregación, esta iglesia, y porque sabemos que Tú eres el que ha provisto todos los medios para nuestra salvación. Amén.

REFLEXIONES PERSONALES

10_El siervo soberano. Parte 2

Con todo eso, Jehová quiso quebrantarlo, sujetándole a padecimiento. Cuando haya puesto su vida en expiación por el pecado, verá linaje, vivirá por largos días, y la voluntad de Jehová será en su mano prosperada.

Verá el fruto de la aflicción de su alma, y quedará satisfecho; por su conocimiento justificará mi siervo justo a muchos, y llevará las iniquidades de ellos.

Por tanto, yo le daré parte con los grandes, y con los fuertes repartirá despojos; por cuanto derramó su vida hasta la muerte, y fue contado con los pecadores, habiendo él llevado el pecado de muchos, y orado por los transgresores.

Isaías 53:10–12

BOSQUEJO

— Introducción

— La pregunta más trascendental

— La respuesta

— El corazón de la teología

— La confesión

— El enigma resuelto

— La confirmación de Dios

— El conocimiento de Dios

— La entrega del Mesías

— La oración de Mesías

— Oración

NOTAS PERSONALES AL BOSQUEJO

SERMÓN

Introducción

Este es el mensaje número 10 en esta serie y debo decirte con gran tristeza que esta es nuestra despedida a este pasaje. Todo él ha llegado a ser parte de mi alma, puedo decir que es ahora parte de mi ADN. Todos los textos parece que hacen lo mismo que este, sin embargo, resalta sobre el resto de los otros en muchas maneras. Esto es lo que he estado tratando de compartir con ustedes las últimas nueve horas que hemos invertido en este capítulo.

Cuando nosotros comenzamos con este estudio unos meses atrás, los introduje al hecho de que la verdad de este capítulo respondería de manera importante, esencial, vital, a la pregunta más crítica que puede ser formulada, les dije que este capítulo proveería la respuesta a una de las más profundas, serias y significativas búsquedas de todas; Este capítulo responde a la pregunta más importante; es más importante que todas las otras preguntas combinadas. Esta es infinitamente más importante que todas las otras preguntas combinadas.

La pregunta más transcendental

Y la pregunta que está siendo respondida en este capítulo no tiene nada que ver con la salud, no tiene que ver nada con la riqueza, no tiene nada que ver con el éxito, no tiene nada que ver con la educación, no tiene nada que ver con la sociología, no tiene nada que ver con la religión, no tiene nada que ver con política, moralidad o filosofía. Esta trasciende a todas esas preguntas y de hecho, la pregunta que este responde es la razón por la cual toda la Biblia fue escrita. La Biblia fue escrita para responder la pregunta que es preeminentemente contestada en este capítulo. ¿Cuál es esta pregunta? Es esta: ¿cómo puede ser un pecador perdonado completamente y reconciliado con un Dios Santo y entonces ser capaz de escapar del infierno eterno y entrar al cielo eterno? Esta es la pregunta que sobresale de todas las preguntas.

Y debido a que todo ser humano vivirá para siempre, ya sea en el infierno eterno o en el cielo eterno, esta es la pregunta que más desesperadamente necesita ser contestada, ¿cómo puede un pecador ser completamente perdonado y reconciliado con un Dios Santo de tal manera que él pueda escapar del infierno y entrar al cielo eterno? Esta es la suprema pregunta moral. Esta es la suprema pregunta espiritual. Esta es la suprema pregunta religiosa que ningún sistema de moralidad, ninguna espiritualidad mística y ninguna religión tiene respuesta fuera del cristianismo. La Biblia fue escrita para que Dios diera esta respuesta. Y si llevas esta pregunta y esta respuesta fuera de la Biblia, será que estás considerando la Biblia como cualquier otro libro. Esta es la pregunta y la respuesta por la cual la Escritura fue revelada.

La respuesta

En lo que respecta al Antiguo Testamento esta pregunta no es mejor respondida que en Isaías 53, como hemos estado aprendiendo. Esto es lo que hace que este capítulo sea el pináculo del Antiguo Testamento. Es como el monte Everest del Antiguo Testamento. Esta es una profecía inspirada por el Espíritu Santo acerca del significado de la muerte y la resurrección de Jesucristo, 700 años antes de que Él estuviera presente en la tierra. Cuando iniciamos esta serie les dije que muchos comentaristas a través de los años han llamado este capítulo el quinto evangelio. Yo no le llamaría así, yo más bien le llamaría el primer Evangelio, y Mateo es el número dos, Marcos el número tres, Lucas el número cuatro, y Juan el número cinco. Este es el primer Evangelio.

Este es un relato del Dios hombre que vino al mundo para morir por los pecadores, resucitó y proveyó la salvación y ha sido exaltado al cielo. Este no es solamente el primer Evangelio, sino que yo me arriesgaría a decir que también es la primera epístola. Lo puedes poner justo después del libro de los Hechos, y antes de Romanos, porque el mensaje que se encuentra aquí no solamente es el mismo mensaje que tienen los cuatro Evangelios sino que es la misma interpretación de los evangelios que tú encuentras en los escritos de Pablo, de Pedro y Juan. De este modo esta es una demostración sin paralelo dentro del Antiguo Testamento inspirado por Dios, ya que aquí se encuentra el registro de la vida y la muerte de nuestro Señor Jesucristo por medio de crucifixión, está registrado como es traspasado y enterrado 700 años antes de su tiempo con muchísimos detalles. Aquí está la interpretación del Nuevo Testamento, de su muerte y su resurrección y dice exactamente lo que nosotros leemos en las epístolas.

Conforme hemos estado aprendiendo las palabras de este glorioso capítulo, el capítulo 53, hemos visto que todas están en tiempo pasado. Y mientras que esta es una profecía acerca del futuro, no es primariamente una profecía acerca de los eventos de la vida de Cristo. Primeramente es una profecía de la conversión final de Israel cuando en el futuro, como Zacarías lo dice, ellos mirarán al que traspasaron, y se lamentarán por Él como se lamentan por un hijo, y el Espíritu de gracia y súplica llegará a ellos y la fuente de limpieza será abierta para que ellos lleguen al conocimiento de Dios. Esto es lo que Zacarías 12:13 dice, esto va a suceder en el futuro.

La promesa de Dios en Ezequiel 36 es la salvación futura de Israel. Es repetida en Jeremías 31 y afirmada en Zacarías 12, 13 y 14. De ahí saca Pablo lo que dice en Romanos 11:26, que todo Israel será salvo. Al profeta

Isaías le es dada una visión de la salvación futura de Israel al final de la historia de la humanidad, justo antes de la llegada de Jesucristo, cuando ellos miren en retrospectiva a Aquel a quien traspasaron y lo vean por quien Él es en realidad, y lo reciban como Señor y Salvador, y sean limpiados de sus pecados, salvados y vengan al verdadero conocimiento de Dios. Cuando esto suceda en el futuro estas serán las palabras que digan, esta es su confesión. Esta es la razón por la que todos los verbos están en tiempo pasado y todos los pronombres están en plural. Aquí está Israel haciendo su confesión en el futuro. Y mientras que esta es la confesión futura de Israel que traerá salvación a toda la nación, también es la misma confesión que todo judío y gentil ha hecho desde Cristo para que seamos salvos. Un día Israel hará esta confesión, nosotros ya lo hemos hecho. Nosotros ya hemos reconocido que Él fue traspasado por nuestras transgresiones, quebrantado por nuestras iniquidades. Nosotros ya hemos reconocido que el Señor hizo que todas nuestras iniquidades cayeran sobre Él. Hemos reconocido que agradó al Señor quebrantarlo porque Él era una ofrenda por la culpa. Nosotros hemos creído esto y lo entendemos. Nosotros creemos en el sacrificio vicario y sustitutorio de Jesucristo por los pecados. Nosotros creemos que Él fue cortado de la tierra de los vivientes por las transgresiones del pueblo de Dios. Él tomó nuestra culpa, nuestro juicio y pagó por nuestros pecados. Nosotros lo creemos y esta es la razón por la que nosotros somos salvos.

El corazón de la teología

Este es el Evangelio. Esta confesión es el corazón de la teología de la salvación. Aquí se encuentra la doctrina de la justificación por medio de la imputación de nuestros pecados al único justo, el Siervo de Jehová, quien se convierte en el sacrificio sustitutorio, muriendo en nuestro lugar y tomando el castigo que merecíamos que Dios nos diera debido a nuestros pecados, y por todos los pecados de todos aquellos que creerán en Él algún día. Y un día los judíos la pronunciarán; nosotros ya la hemos pronunciado, "él herido fue por nuestras rebeliones, molido por nuestros pecados; el castigo de nuestra paz fue sobre él, y por su llaga fuimos nosotros curados".

Un día en el futuro los judíos dirán: "El Señor causó que todas nuestras iniquidades cayeran sobre Él. Por la rebelión del pueblo fue herido y fue cortado de la tierra de los vivientes". Algún día ellos dirán eso. Y escucha, mientras alguien no diga eso no puede ser salvado. No hay otra manera para ser salvo. Existen predicadores, pastores, quienes anuncian fervientemente que los judíos pueden ser salvos hoy en día sin Cristo. Esto no es verdad. Cualquier judío como cualquier gentil puede ser salvado hoy en día si es que hacen esta confesión. Esta congregación está formada por judíos y gentiles que ya la han hecho. Pero nadie puede ser salvo sin hacer esta confesión.

Nos regocijamos de que algún día en el futuro la nación de Israel la hará en un acto soberano de gracia, cuando el Señor a través de su Santo Espíritu de gracia sobre ellos, los regenere, entonces ellos mirarán atrás, verán a Cristo, y cambiarán la decisión que habían hecho hace 2000 años y lo recibirán a Él como su Salvador.

La confesión

Esta es su confesión. Esta es mi confesión. Esta es tu confesión. No se detuvo en la Cruz. Nosotros también, junto con ellos confesamos que aun cuando Él era una ofrenda de culpa, según los versículos 10–11, "verá linaje, vivirá por largos días, y la voluntad de Jehová será en su mano prosperada. Verá el fruto de la aflicción de su alma, y quedará satisfecho". La confesión también incluye su resurrección. Si Él está muerto, ¿cómo puede ver a su linaje? ¿Cómo es que vivirá por largos días? ¿Cómo puede ser la voluntad de Jehová en su mano prosperada, ver el fruto de su aflicción y quedar satisfecho? Solamente si se levanta de entre los muertos. Confesamos que Jesús no solamente murió, sino que también resucitó. Romanos 10:9 dice: "si confesares con tu boca que Jesús es el Señor, y creyeres en tu corazón que Dios le levantó de los muertos, serás salvo". Esto es lo que creemos. Así es como lo vemos. Así es como lo verán los judíos. Pero esta no es la última palabra. ¿Estamos de acuerdo? Escuchen, este entendimiento de la doctrina de la justificación —expiación vicaria y sustitutoria— ha estado bajo ataque desde el tiempo del Nuevo Testamento. Y continúa bajo ataque en nuestros días; hay teólogos que niegan la expiación sustitutoria de Jesucristo como una provisión por los pecados de todos aquellos que algún día creerán de manera individual. Siempre hay una batalla por esta doctrina. De hecho, durante mil años pareció que se había perdido la batalla, hasta que la Reforma la recuperó.

¿Entendemos esto? Lo que nosotros leemos aquí, esta confesión futura de los judíos, ¿es un entendimiento preciso de la Cruz? ¿Es este un entendimiento preciso del significado de la muerte y resurrección de Cristo, así como de su exaltación? Porque de acuerdo al 52:13, 15, Él "será engrandecido y exaltado, y será puesto muy en alto… asombrará él a muchas naciones; los reyes cerrarán ante él la boca", porque será tan superior a ellos. Esto no solamente habla de su Primera Venida para morir, sino de su Segunda Venida para reinar.

¿Lo entendieron correctamente los judíos? ¿Lo ven de manera correcta? ¿Es esa la manera en la que lo vemos? ¿O es esa la manera en que Dios lo ve? ¿Cómo ve Dios la Cruz? Bueno, sabemos desde el principio de este texto, 52:13–15, que Dios es el que está hablando, "He aquí que mi Siervo", mi esclavo, *ebed*, el esclavo de Jehová, el cual ha sido el título del Mesías desde el capítulo 42. Así que sabemos que aquí Dios es el que está hablando, en primera persona, y está describiendo el ministerio del Mesías, su esclavo, y dice que tendrá éxito, será engrandecido y exaltado, y será puesto muy en alto, asombrará a muchas naciones. Así que habla de su exaltación y su soberanía.

En el versículo 14, justo a la mitad, habla de su desfiguramiento, sus golpes, sus heridas, y que aparcería peor que cualquier otro ser humano. Su forma sería más despreciable, más desfigurada que la de cualquier otro hombre. Así que nos está diciendo que el ministerio de su Siervo que ha de venir incluirá gloria y sufrimiento. Eso es un enigma para los judíos.

El enigma resuelto

Estaba leyendo un libro que describe el pensamiento de los Rabís acerca de esta porción de la Escritura. Explica el por qué ellos no pudieron resolver este enigma y se preguntaban ¿cómo es que el Mesías será exaltado y glorificado y es desfigurado más que cualquier otro hombre? Todas las maquinaciones con las que ellos trataron de resolver este enigma en su historia, todo el tiempo antes de que Cristo llegara a la Tierra, hasta los tiempos modernos después de Cristo, han sido infinitas, pero no han resuelto el enigma del Mesías. ¿Cómo resuelves esto?

El capítulo 53 lo resuelve de manera simple diciendo que antes de que Él sea exaltado, será humillado. Lo entendemos. Su Primera Venida fue para ser desfigurado y ejecutado. Su Segunda Venida será para reinar y gobernar. Así es como lo entendemos. Pero, ¿es esto consistente con la forma en la que Dios lo entiende? Después de todo, es la perspectiva de Dios la que importa. El problema de la salvación, el problema del perdón, el problema de la reconciliación, el problema de la vida eterna o el asunto de la vida eterna no tiene que ver con la forma en que nosotros vemos las cosas. La cuestión no tiene nada que ver con la manera en como nosotros percibimos las cosas, sino más bien en como las ve Dios. Es por eso que queremos tener la perspectiva de Dios acerca de la muerte de Cristo y de su resurrección. Y esto es lo que tenemos en los últimos dos versículos de este sorprendente capítulo.

Comenzando a la mitad el versículo 11, Dios habla. Todos los pronombres cambian. Pasan del plural al singular. Los verbos pasan de estar en tiempo pasado a tiempo futuro. Va desde los judíos como nación, mirando en retrospectiva, y pasa a decirnos cómo está Dios mirando hacia adelante, a la Cruz. ¿Y cuál es la perspectiva de Dios? Comenzando con "por su conocimiento" —versículo 11— "justificará mi siervo justo a muchos, y llevará las iniquidades de ellos. Por tanto, yo le daré parte con los grandes, y con los fuertes repartirá despojos; por cuanto derramó su vida hasta la muerte, y fue contado con los pecadores, habiendo él llevado el pecado de muchos, y orado por los transgresores". Estas son las palabras de Dios, resolviendo el enigma de 52:13–15. Esta es la perspectiva de Dios. Los pronombres "mi" y "yo"; y los verbos futuros; Dios hablando personalmente, prediciendo la realidad misma que los judíos confesarán. Él está prediciendo la muerte del justo. Está diciendo que Él se entregará a sí mismo a la muerte. Él está prediciendo que su muerte será a causa de los pecados, que cargará con los pecados de muchos, y que por medio de esto justificará a muchos. Esta es la doctrina del sacrificio vicario o sustitutorio, de la justificación por medio de la imputación. Esta es la gran doctrina que ha sido confesada por la generación futura de judíos Y por todos nosotros, y Dios lo afirma.

La confirmación de Dios

Dios confirma la visita de su Siervo cuando en el versículo 11 Él lo identifica como el único Justo. Explicaré un poco más acerca de esto en un momento. Él confirma su humanidad y habla de cómo se entregó a sí mismo a la muerte y como fue incluido entre los transgresores. Pero lo que más está haciendo es refiriéndose a su sacrificio vicario institucional cuando dice en el versículo 11 que "llevará sus iniquidades", y en el versículo 12, que "llevará el pecado de muchos". Dios también confirma su resurrección porque tendrá una parte con los grandes y dividirá los despojos con los fuertes. Él confirma su mediación, su intercesión y por último, Él "ora por los transgresores".Esta es palabra de Jehová, palabra que proviene de Jehová, declarando la respuesta a esta pregunta suprema de la vida: ¿cómo puede un pecador ser perdonado por completo y reconciliado con Dios; ser liberado del infierno eterno y llevado al cielo eterno? La respuesta que Dios nos da, es que es a través de la muerte del único Justo quien muere en lugar de los pecadores, pagando de esta manera la pena total por los pecados. Esta es una afirmación de Dios mismo.

Veamos esto más de cerca. Como ya dije, Dios es el que está hablando, Jehová, Dios el Padre es el que habla nuevamente. Y Él nos presenta a su Siervo una vez más. "Mi siervo", es como lo llama en el versículo 11. Y esta es la manera en la que lo presentó en el capítulo 52:13: "mi siervo, el siervo de Jehová". Este es un título mesiánico con el cual nosotros estamos familiarizados. Pero quiero enfocarme en el Justo, el único Justo. Solamente hay uno que pudo llevar este título. Solo uno en este mundo, un hombre que pudo llevar este título, el Justo. Y esta es una maravillosa designación para el Mesías en el Antiguo Testamento la cual es familiar para los creyentes del Nuevo Testamento quienes conocían el Antiguo Testamento.

Por ejemplo, Pedro predica este gran sermón en el capítulo 3 de Hechos usando este título. Él dice: "el Dios de Abraham, Isaac y Jacob, el Dios de nuestros padres, ha glorificado a su Hijo Jesús, a quien vosotros entregasteis y negasteis delante de Pilato, cuando este ya había resuelto ponerle en libertad. Mas vosotros negasteis al Santo y al Justo", el único Justo (vv. 13-14). Él es el único Justo. Esteban predicó ese gran sermón antes de ser apedreado, y dijo a los judíos: "¿A cuál de los profetas no persiguieron vuestros padres?" Ellos mataron a aquellos quienes les anunciaron previamente la venida del Justo. El único Justo. Este se convirtió en el título mesiánico. Y en el capítulo 22, Pablo reitera su testimonio acerca de su experiencia en el camino a Damasco y dice: "fui a la casa de Ananías, y Ananías me habló acerca del Justo". Regresando al capítulo 53, Dios también establece ahí este título al llamar a su Siervo el Justo, el único Justo que era Santo, sin mancha, sin contaminación, separado de los pecadores y en quién no había pecado, acerca de que Él dice: "este es mi siervo amado en quien tengo..." ¿qué?... "complacencia".

El conocimiento de Dios

Dios está hablando aquí de su Hijo, su Esclavo, el Justo, y dice lo siguiente: "por su conocimiento justificará mi siervo justo a muchos", "los muchos" significaba aquellos que creen; "los muchos" significa el pueblo de Dios, "los muchos" significa aquellos por los cuales Él murió y fue sacrificado; a ellos Él justificará; esto es, proveerá justicia para ellos. Por medio de su sacrificio, por medio de llevar sobre él sus pecados, podrá garantizarles su justicia. Nosotros entendemos la doctrina de la justificación, que Él muere, el Justo, para justificar a muchos pecadores.

La frase en la cual yo me quiero enfocar es "por su conocimiento". ¿Acerca del conocimiento de quién estamos hablando aquí? Me puedo ir a analizar el griego y encuentro que dice lo mismo, "por su conocimiento". Y esto es exactamente lo que dice la Reina Valera: "Por su conocimiento" dando a entender al Siervo, el Justo; Él justificará a muchos. Esto se podría estar refiriendo a su conocimiento acerca del plan de Dios, su entendimiento del plan de Dios, esto es la perfecta sabiduría que Él poseía.

Isaías habla claramente en el capítulo 1 y en el capítulo 5 acerca de la falta de conocimiento de los israelitas. Y también enfatiza en el capítulo 44 la falta de conocimiento de las naciones. Así que tal vez él está diciendo, "pero el Justo tiene el conocimiento que se requiere para llevar acabo la voluntad de Dios y para proveer justificación para los muchos". El problema con eso es que Él no nos justifica por su conocimiento; Él nos justifica por su muerte. El hebreo lo podríamos traducir de esta manera: "por medio de su conocimiento, el Justo, mi Siervo, justificará a los muchos". La justificación llegará a aquellos quienes lo conocen. Es mejor interpretar esto como nuestro conocimiento de Él, de su persona, de su obra, de su provisión, en su muerte y resurrección, el evangelio. Aquí Dios valida la Gran Comisión.

Aquí Dios dice que justificará a los muchos quienes tienen el conocimiento de Él. No hay salvación en ningún otro nombre. "Nadie viene al Padre sino es por mí".

En Romanos 10, Pablo tiene en mente a Isaías cuando escribe, e incluso hace varias referencias directas a Isaías. Pablo dice esto: "todo aquel que invocare el nombre del Señor" —v. 13— "será salvo". Y entonces dice: "¿Cómo pues invocarán a aquel en el cual no han creído?" No se puede. Entonces dice, "¿y cómo creerán sin que ellos escuchen primero?" Y dice finalmente, "¿cómo escucharán sin que haya quien les predique? ¿Y cómo predicaran sin que alguien lo envíe?"

Y luego esta maravillosa afirmación: "¡Cuán hermosos son los pies de los que anuncian la paz, de los que anuncian buenas nuevas!" Solo aquellos que lo conocen pueden ser salvos. Y esto es lo que está diciendo: "por su conocimiento justificará mi siervo justo a muchos". Por eso vamos hasta lo último de la tierra con el evangelio. Por eso predicamos a toda criatura. No hay otra manera en que puedan ser salvos. Israel no será salvada porque son judíos, ni porque son monoteístas. Ellos no serán salvos sino hasta que, de manera individual, ahora en la época de la iglesia o en el futuro al final de los tiempos, ellos miren a Aquel a quien traspasaron y hagan lamento por Él y lo confiesen como Señor.

Este es el testimonio de Dios que nos habla acerca de la urgencia de proclamar el mensaje de Jesucristo hasta los confines más escondidos de la tierra. "Los muchos", la gente por la cual Cristo murió, pueden ser salvados cuando escuchen, ya que la fe viene por el oír, y el oír el mensaje concerniente a Cristo (Romanos 10:17). La fe viene por el oír la palabra que concierne a Cristo. Este es nuestro mandato y aquí este mandato está siendo dado por Dios mismo. Entonces podemos decir que en este pasaje de la Escritura se encuentra la Gran Comisión y el llamado a la fe; la fe basada en el conocimiento de la verdadera revelación de Cristo.

Entonces Dios dice esto: conocerlo a Él de una manera salvadora, conocerlo a Él por medio de una fe penitente, justificará a los muchos. ¿Cómo? ¿Cómo puede justificar el conocerlo a Él? Porque Él llevará sus iniquidades. Dios cree en la doctrina de la justificación. Dios cree en la doctrina de la imputación porque Dios la ordenó.

La entrega del Mesías

Y tiene más que decir en la segunda parte del versículo 12. Siguen siendo estas las palabras de Jehová, y dice acerca de su Siervo, el Justo: "Él se entregó a sí mismo a la muerte". Estos son verbos que expresan su voluntad. Él se entregó a sí mismo a la muerte. Como en el versículo 7, "él fue oprimido, permitió ser afligido". Él pasó por todo esto. Vemos en esta porción de la

Escritura que su voluntad está siendo expresada. Esto significa literalmente que Él entregó su alma para morir. De este modo Dios está haciendo eco a la confesión que nosotros hemos leído que harán los judíos. Sí, Él se entregó a sí mismo a la muerte.

Entonces llega esta maravillosa declaración: "Y fue contado con los trasgresores". Literalmente en hebreo significa que Él permitió ser incluido entre los transgresores. Jesús cita esto es Lucas 22:37 antes de ir a la Cruz. Cita estas mismas palabras. Esta es una referencia a su encarnación, que Él fue literalmente colocado entre transgresores. Él vivió entre transgresores. Él se mezcló en este mundo. Y desde un punto de vista visual, Él no lució nada diferente a cualquier otra persona. No había una aureola sobre su cabeza. Él no levitó. No había nada majestuoso en Él. Nada en su apariencia lo hizo atractivo. Su apariencia era como la de cualquier otro hombre. Caminaba como cualquier otro hombre. Su voz fue como la de cualquier otro hombre. Comía. Hizo todo lo que cualquier otro hombre haría.

No había nada en Él que pudiera llevarlos a la conclusión de que Él era sobrenatural. Esto era parte del problema cuando Él hacía milagros. Había tal desconexión entre lo que Él parecía ser y el poder que tenía, que ellos decidieron, en su incredulidad, que eso era el poder de Satanás obrando de alguna manera a través de Él. Aquí Dios afirma la encarnación. Aquí Dios mismo, en sus propias palabras, dice que Él descendió y permitió ser incrustado en el mundo de los hombres caídos. Esto lo encontramos en Filipenses 2, que Él se humilló a sí mismo, tomando forma de siervo, hecho semejante a los hombres y asumió la muerte y muerte de cruz.

Así que esto no tiene que ver acerca de la muerte con criminales, sino que con el hecho de que tomó su lugar en medio de los pecadores. Y a pesar de que Él se mezcló con los pecadores, a pesar de que fue contado como uno más entre los transgresores, y a pesar de que pudo hacer lo que ningún otro ser humano era capaz de hacer, Él cargó en el pecado de muchos. A pesar de que se mezcló con los pecadores del mundo, Él fue el único cualificado para levantarse por encima de todos y hacerse el sacrificio por sus pecados. Él es el Justo, Dios lo hizo humano, el Dios hombre, que tuvo la apariencia de cualquiera de nosotros, pero Él fue capaz de pagar por el pecado de todos. Como un chivo expiatorio el día del sacrificio (Levítico 16), se deshizo de ellos. Y esta referencia se hace varias veces, como hemos podido ver en este capítulo.

La oración del Mesías

Y una palabra final del Padre acerca de su muerte e incluso su resurrección. En la última línea: "orado por los transgresores". Quisiera que los traductores hubiesen usado mejor la palabra "orado". La palabra significa "interceder", "mediar," "ir en medio" o "pararse en medio". Y esta es la declaración de Dios, que Cristo es el que está en medio de Dios y el hombre. 1 Timoteo 2:5, "hay... un solo mediador entre Dios y los hombres, Jesucristo hombre". Y como mediador, Él es el intercesor. Él es quien defiende nuestro caso. Él es el que hace un puente hacia Dios, un puente al cielo. Él hizo posible la mediación requerida por medio de su muerte. Su mediación por nosotros en realidad inició en el Nuevo Testamento, en Juan 17, antes de que fuera a la Cruz, cuando Él oró aquella oración sumo sacerdotal la noche que fue traicionado y comenzó a orar por nosotros. Él comenzó a orar esa increíble oración para que Dios nos llevara a todos al cielo, que todos los que le pertenecemos a lo largo de toda la historia de la humanidad fuéramos reunidos juntos y que todos fuéramos llevados a la gloria, donde le pudiéramos ver en su gloria, ver la gloria del Padre. Y Él empezó a interceder por aquellos por los que murió.

Pero hay una nota muy importante que debemos tener en cuenta con el verbo hebreo "orado". Es un verbo imperfecto, lo que significa continuo. Todos los verbos anteriores están en tiempo perfecto, lo que significa una acción completada. Veamos los tres verbos anteriores, "derramó su vida hasta la muerte", esto está completado, Él lo hizo una sola vez. "Él fue contado con los pecadores", esto es su encarnación, lo hizo una sola vez. "Habiendo él llevado el pecado de muchos", eso lo logró en la Cruz, y nunca se repetirá. Todo eso está completo, perfeccionado. Pero su intercesión está descrita en verbo imperfecto porque continúa. "Viviendo siempre para interceder por ellos" (Hebreos 7:25). Él es siempre nuestro defensor. Él es siempre nuestro intercesor. Él siempre será nuestro mediador hasta que finalmente vayamos al cielo. Hebreos 7:25 y Romanos 8:34 celebran la obra mediadora e intercesora de Cristo.

Entonces, Dios mismo, en esta sección confirma el sacrificio vicario y sustitutorio de Cristo como la única ofrenda que puede satisfacer su justicia, proveer salvación para los pecadores, y traerles justificación, es decir, son declarados justos por Dios. Esto sucede solo a aquellos que lo conocen. Conocerlo, así es como tiene lugar la justificación, individualmente. Por lo tanto, el conocerle es crítico. Ese, por lo tanto, se convierte en el mandato para nosotros: dispersar por el mundo el conocimiento de Él. Esta es una confesión que los judíos harán algún día. Esta es una confesión que nosotros ya hemos hecho. Y esta es una confesión que Dios mismo afirma.

Esto, finalmente, nos lleva a la última palabra, versículo 12. Hemos visto al Siervo que va a maravillar a las naciones, al Siervo menospreciado, hemos visto al Siervo sustituto, al Siervo en silencio, al Siervo sacrificado, y aquí al final encontramos al Siervo soberano. Comenzando en el versículo 12: "Por tanto, yo le daré parte con los grandes, y con los fuertes repartirá despojos". Aquí la resurrección está implícita, porque ahora Él será recompensado. Después del sufrimiento, la satisfacción; después de la tristeza, la salvación; después de la muerte, la liberación; después de la sangre, la Gloria; después del dolor, el placer; después de las espinas, el trono; después de la Cruz, la corona. Su Primera Venida en humillación; Su Segunda Venida en exaltación.

Así que este texto concluye en la Segunda Venida. El texto finaliza donde empezó, en 52:13. Él será prosperado, será engrandecido, será puesto muy en alto, asombrará a muchas naciones, silenciará a los reyes. El texto concluye con un desfile de triunfo y victoria, cuando Dios mismo ponga a su Siervo sobre el trono y lo recompense con el botín de su triunfo conquistador. Él es exaltado, todo glorioso, colocado sobre un trono; Apocalipsis 11, cuando los reinos de este mundo se conviertan en los reinos de nuestro Dios y de Su Cristo. También hace referencia a Apocalipsis 19 cuando Él venga en un caballo blanco con todos los santos para juzgar y hacer guerra en contra de los impíos, y entonces establezca su glorioso Reino sobre la tierra durante mil años, seguidos por los cielos nuevos y tierra nueva que serán eternos y en los cuales Él reinará y será exaltado para siempre. Esta es una imagen poderosa y de realeza. Esta es la imagen de un héroe conquistador que regresa con todo el botín de su triunfo. Habiendo vencido a todas las fuerzas hostiles y avergonzado a todos los reyes, Él viene triunfante.

Entonces Dios declara dos cosas acerca de Él: "yo le daré parte con los grandes, y con los fuertes repartirá despojos". Esta es una declaración de magnificencia. Nosotros esperaríamos que hubiese dicho: "te daré todo". Esto es verdad. "Yo lo exaltaré". Como Pablo dice en Filipenses: "le daría un nombre que es sobre todo nombre, para que en el nombre de Jesús se doble toda rodilla". Y este nombre, por cierto, es Jesús; es el nombre de Jesús el Señor. Este es el nombre que hace que todo mundo doble su rodilla ante Él.

Hubiésemos entendido si Él hubiera dicho: "Yo le daré todo". Y Él le dará todo, a pesar de que este no es el énfasis aquí. El énfasis es acerca de compartir. "Yo le daré parte con los grandes, y con los fuertes repartirá despojos". ¿Quiénes son los grandes y quiénes son los fuertes?

Somos nosotros. ¿Cómo es que nosotros nos convertimos en grandes y en fuertes cuando nosotros éramos insignificantes y débiles? En realidad la palabra "grandes" es *harabim*, literalmente significa "los muchos", los muchos que Él ha justificado. Ya hemos visto el significado de esta palabra "muchos", es justificar a los muchos. Al final del versículo 12 "habiendo Él llevado el pecado de muchos". Aquí están los muchos. Por lo tanto, yo les daré parte con los muchos.

¿Cuál es la razón por la que el traductor tomó esta y cambió "los muchos" por "los grandes"? La razón es porque en ese tiempo nosotros habremos sido hechos grandes. Y tú puedes preguntar: "¿Nosotros vamos a ser exaltados?" Sí, lo seremos. Todo lo que el Siervo posee nosotros lo poseeremos. ¿No es magnífica la gracia de nuestro Señor? No nos vamos a sentar en la eternidad con un sentido de pobreza, viendo solamente como Cristo disfruta de sus recompensas. Sino que todo lo que Él poseerá nosotros lo poseeremos porque Él nos lo compartirá. Esto nos muestra la extensión de la masiva gracia de Dios; Él divide los despojos, el botín, con los fuertes. ¿Quiénes son los fuertes? Ellos son los débiles que fueron hechos fuertes. Nosotros somos "los muchos" que fuimos hechos grandes, y nosotros somos los débiles que hemos sido hechos fuertes. Nosotros somos triunfantes junto con el hombre, esto es lo que eso significa. Nosotros marchamos a su ritmo. Me encantaría poderles explicar esto desde el libro de Pablo a los Corintios donde nos dice: "nosotros triunfaremos junto con él". Y el botín que Cristo ganó en la Cruz, todos los redimidos de todas las edades, serán parte de la comunión sempiterna que enriquecerán nuestras vidas. Todo lo que Él posea en la gloria eterna, los nuevos cielos y la tierra nueva, será nuestro también. Nosotros reinaremos sobre la tierra en el reino milenario junto con Él. Nos sentaremos en tronos junto con Él, y reinaremos para siempre junto con Él en las glorias del cielo nuevo y la tierra nueva. Y todo lo que es de Él será nuestro también.

Así que la promesa de Isaías es que la generación futura de Israel será salva al final, y esta será su confesión. Y Dios mismo afirma que esta confesión es un entendimiento verdadero de la obra de Cristo en la Cruz. Pero esta confesión también debe de ser tu confesión. Arrepentirte de tus pecados, conocer lo que Cristo ha hecho, aceptarle con fe como el sustituto que tomó tu lugar, confesarle como el Señor resucitado, eso significa ser salvo. Cualquiera que invoque su nombre será salvo, escapará del infierno eterno y entrará al cielo eterno. Esta es la única pregunta que tiene una respuesta que te afecta para siempre.

Inclinémonos en oración.

Oración

Padre nuestro, te agradecemos porque nos has dado tu Palabra que es tan poderosa y penetrante, gracias por darnos una maravillosa visión acerca de la cruz de Cristo. Para aquellos que no conocen a Cristo, puede ser que este sea el tiempo de que ellos despierten sus corazones y vengan a recibir al Salvador como su única esperanza. Que sea este momento de oración y ruego el momento por el cual ellos logren tener convicción y arrepentimiento. Amén.

REFLEXIONES PERSONALES

_Índice temático